C의 유전자

회사 위에 존재하는 자들의 비밀

C의 유전자

제갈현열 · 강대준 지음

이 책에 쏟아진 찬사

언젠가 C레벨이 되고 싶은 사람이라면, 이 책이 재미있어야만 한다!

– 흥국생명 부회장, 전 신한은행장 위성호

나는 항상 오너와 경영자, 그리고 핵심 리더 그룹이 회사의 흥망을 결정한다고 말한다. 이 책은 그 이야기를 그대로 담고 있다. 'C의 유전자'의 유무에 따라 기업의 성패가 어떻게 갈리는지를 정확히 간파한 책!

– 피와이에이치 대표, 관점 디자이너 박용후

'C레벨'이라는 흥미로운 미래가 담겨 있다. 회사를 다니며 '직원'이 아닌 '주인'이 되기를 꿈꾸는 모든 이들에게 좋은 보약이 될 것이다.

– 잡플래닛 CEO 황희승

공동 창업으로 C 타이틀을 얻은 창업자에게도 큰 울림을 주었다. 이 책은 '진정한 C레벨'로 진화하기 위해 반드시 읽어야 할 비즈니스의 바이블이다.

– 메쉬코리아(부릉) COO 김형설

연차가 늘어갈수록 자신이 기업에 존재해야 하는 이유를 설명하기가 어려워진다. 그러나 이제부터는 'C의 유전자'가 당신의 존재 이유를 설명해줄 것이다.

– 모노랩스 CEO 소태환

이 책은 올라서고자 하는 이들에게는 통찰로 시작해 희망으로 끝나고, 안주하는 이들에게는 불안으로 시작해 일침으로 끝난다. 아쉽게도 나는 후자였다. 하지만 이 책으로 드디어 변할 수 있는 계기를 만났다고 확신한다!

– NH농협 최연소 차장 권준형

어디가 끝인지도 모르고 달리는 직장인들에게 확실한 지향점을 제시해주는 책, 동시에 열심히 일하는 건 결국 나를 위한 것이란 사실을 깨닫게 해준 책.

– 삼성물산 박정훈

입사할 때 가슴에 품었던 다짐이 조금씩 의심스러워지기 시작하는 4년 차, 이 책은 의심 따윈 잊으라고 자신 있게 말해준다. 회사에 집중했던 내 삶은 절대 틀리지 않았다고, 위로와 격려를 건네주는 책.

– BCG 홍종욱

직장인이란 언제나 가슴속에 내밀 수 없는 사직서 한 장을 품고 살아가는 존재들이다. 허나 이 책을 읽고 나는 가슴속의 사직서를 완전히 찢어버렸다. 내 가능성의 깊이가 지금 받고 있는 고됨과 서러움보다 훨씬 깊다는 것을 알게 해준 책이다.

– LG화학 손성식

1장을 읽고 가슴이 두근거리기 시작했다, 이런 시대가 왔다는 것이. 마지막 장까지 덮고 나자 완전히 선명해졌다, 이 시대를 활용하기 위해 내가 무엇을 해야 하는지가!

– 대홍기획 문보현

어느새 대학가의 최고 관심사는 취업이 되었다. 이런 현실에서 취업에 대해서는 주변에서 암담한 이야기만이 들려오고, 또 그 암담한 이야기를 대학생들에게 전해야 한다는 사실이 못내 안타까웠다. 그러나 이 책을 보고 다시 희망이 생겼다. 이제는 취업으로 자신의 꿈을 맘껏 펼치란 이야기를 당당하게 해줄 수 있을 것 같다.

– 대학내일 팀장 김영현

만약 당신이 'C의 유전자'를 갖춘다면

•

이것이야말로 당신을 위한 유일한 진실이다.
직장을 다니면서 이상을 채운다는 꿈
매 순간 자신을 위해 일할 수 있는 삶
이런 말은 당신에게 어울리지 않으니 현혹되지 마라.

회사 생활은 어차피 거기서 거기다.
아무리 노력해도 결국은 연줄이다.
능력보다는 아부이고 열정보다는 요령이다.
당신에게 어울리는 조언은 사실 이런 것이다.

직장을 다니는 당신에게 새로운 세상이 왔다.
그 세상에서 당신은 회사 위에 군림할 수 있다.
내가 당신을 그런 존재로 만들어줄 것이다.
앞으로는 회사가 당신을 위해 존재하게 될 것이다.
만약 이런 말을 하는 사람이 있다면 그 사람을 멀리하라.

헌신해봤자 끝은 정해져 있다.
지금이라도 다른 길을 알아봐야 한다.
시장은 당신의 가치를 전혀 인정하지 않는다.
이것이야말로 당신이 받아들여야 하는 진실이다.

'C의 유전자'로

이 모든 것들이 뒤집어질 것이다.

자, 이제 밑에서부터 반대로 다시 읽어보라.

그토록 원하던 최고의 삶이 지금 당신의 삶 안으로 찾아왔다

살아가다 보면 어려운 질문들과 마주할 때가 있다. 답이 없는 것 같아서 혹은 답이 너무 많은 것 같아서 선뜻 답하기 힘든 질문들 말이다. 하나 역설적이게도 '난제'라 불리는 이 질문들 덕분에 우리는 살아가는 이유와 앞으로의 삶의 방향을 설정하기도 한다.

우리는 각기 다르지만 해결하기 힘든 질문 하나쯤은 가슴속에 간직한 채 삶을 통해 그 답을 찾으려 애쓰고 있는 것이다.

끝내 자신만의 답을 찾은 사람들은 그 답을 토대로 자신만의 길을 걸어간다. 어떠한 질문을 했느냐, 그리고 어떠한 답을 찾았느냐가 한 사람 인생의 전체 모양을 그리게 되는 것이다. 어쩌면 살아야 한다는 건 신이 내린 질문이고, 살아간다는 건 그 질문에 대한 인간의 대답일지도 모른다.

내게도 작가로 살기 시작하면서부터 찾아온, 꽤 오래되었음에도 아직까지 명쾌하게 답을 내리지 못한 질문이 하나 있다.

'삶에서 가장 중요한 것은 무엇인가?'

나는 작가로서 이 난제에 대한 답을 책으로 써 사람들에게 나눠주고 싶었다. 답을 알기 위해 수없이 노력했지만 내 삶과 내가 가진 깊이는 아직 미완성이었기에 때마다 다른 답이 나오곤 했다. 때론 능력이었고 때론 몰입이었다. 마음가짐, 계획, 기획, 연결이 그 답이 되기도 했다.

최근에서야 새롭게 찾은 답은 바로 '돈'이었다. 그래서 돈을 삶의 도구로 만드는 방법들을 엮어 책을 쓰기 시작했다. 실제로 내가 최근에 낸 세 권의 책은 모두 돈에 관한 이야기를 담고 있다.

돈에 관한 책들은 그전에 썼던 그 어떤 책보다도 대중에게 뜨거운 사랑을 받았다. 어떤 책은 큰 출판사에서 출간한 경제경영서 중 가장 많이 팔린 책이 되기도 했다.

그 후로 내가 주목한 것은 '방향'이었다. 돈은 어디까지나 수단이니까 그 수단을 어떤 방식으로 활용해야 하는지 알려주는 게 중요하다고 생각했다. 그렇게 '투자자의 관점에서 바라본 돈'과 '창업가의 관점에서 바라본 돈'에 관해 책을 썼다. 부끄럽지 않을 만큼의 경험과 고민을 책에 담았고, 이야기의 날을 세우고 또 세우며 스스로와 타협하지 않았다. 그 덕분에 투자자가 되고자 하는 사람이라면 꼭 읽어야 할 책, 창업이나 사업을 계획하는 사람이라면 꼭 읽어야 할 책이라고 스스로 자신할 만한 작품을 완성할 수 있었다.

책이 많은 사랑을 받은 덕분에 책을 내고 난 후 전에 없을 만큼 수많은 질문도 받았다. 때론 강연장에서 때론 메일로 혹은 어떻게 알아냈는지조차 알 수 없는 개인 연락처를 통해서 말이다. 그들이 건네는 질문에 작가로서 최선을 다해 답했다.

그런데 내가 받은 수많은 질문 중 한 질문만이 나를 유독 힘들게 만들었다. 누군가에게 넘길 수도 없었던 질문, 그래서 내가 답해야 하지만 아직 답할 준비가 되어 있지 않은 질문이었다.

"계속 직장에 다니는 것은 오답인가요? 직장만 다녀서는 희망이 없나요?"

내가 전한 이야기가 어떤 독자에게는 '자신의 삶이 오답일지도 모른다'는 불안감을 심어준 것이었다. 왜 그들은 내가 전한 이야기를 읽고 자기 삶을 부정하게 되었을까? 자기 삶을 온전히 자신에게 쓰라는 투자자의 이야기가, 지금 당장 가슴 두근거리는 일을 찾아 자신의 무형자산과 세상의 유형자산을 연결시키라는 사업가의 이야기가 대부분의 직장인에게는 어딘가 모르게 자신과는 동떨어진 이야기처럼 느껴졌기 때문은 아니었을까?

직장에서 받는 월급만으로는 서울에 멀쩡한 아파트 한 채를 장만하는 데 30년이 넘게 걸린다는 이야기가, 지금의 경제 구조가 월급 받는 직장인을 전혀 배려하지 않는다는 이야기가 그들에게 과연 어떻게 전달됐을까?

지금의 삶을 부정하게 만들기에 충분하지 않았을까?

그렇다고 해서 "아닙니다. 직장을 다니는 것 역시 충분히 의미 있고 가치 있는 일입니다", "열심히 직장에 다녀서 임원이 되시면 됩니다. 그것도 성공이지요", "세상에 자기가 원하는 일을 하면서 살아가는 사람이 얼마나 있겠습니까? 다 그렇게 사는 것이지요" 따위의 대답을 해줄 순 없었다. 그건 내가 내린 답이 아니니까. 내가 옳다고 생각하는 방향은 더더욱 아니었으니까. 결국 나는 최근까지도 그들의 질문에 제대로 된 대답을 내놓지 못했다. 그리고 이것이 내가 이 책을 집필하게 된 결정적인 이유다.

이 책은 내가 부에 관해 집필한 네 번째 책이며, 투자자의 부, 창업가의 부에 이어 '직장인의 부'에 대해 다루었다. 아마도 이 세 주제 외에는 더 이상 부에 관한 주제를 다루지 않을 것 같다. 지금껏 직장인의 관점에서 바라본 부에 대해서는 답을 찾지 못했지만, 이 책은 비로소 찾은 나의 해답이다.

동시에 이 책은 나의 '대답'이다. 절망감과 패배감을 느끼며 하루하루를 살아가고 있는 이들의 물음에 그간 말하지 못했던, 이제야 비로소 말할 수 있게 된 대답. 나는 감히 이것이 정답이라고 확신한다.

앞으로 할 이야기가 정답이라고 확신할 수 있는 이유는 '시대가 변했기 때문'이다. 마침내 직장을 다니면서도 자기가 원하는 만큼의 부를 온전히 얻을 수 있는 세상이 되었기 때문이다. 이를 깨닫고 직장을 이용해 자신의 삶을 마음껏 누리고 있는 이들이 이미 우리 곁에 존재한다.

놀랍게도 그들은 타고난 금수저도 아니고 뼛속부터 완전히 다른 능력을 탑재하고 있는 천재들도 아니다. 방법과 방향만 제대로 알고 실행한다면 누구나 그들처럼 될 수 있다.

이 책에서는 직장을 부의 도구로 활용하는 그들이 누구인지를 이야기할 것이며, 그들의 모습을 통해 앞으로 직장인들이 어떤 모습이 되어야 하는지를 이야기할 것이다.

나는 이 이야기가 당신의 삶을 변화시킬 계기가 되리라 확신한다. 당신의 삶을 더 자랑스럽게 여길 계기 말이다. 그래서 이 책은 "계속 직장에 다니는 것은 오답인가요? 직장만 다녀서는 아무런 희망이 없나요?"라는 질문에 대한 대답인 동시에, 직장인들이 이런 삶을 지향했으면 좋겠다는 바람이기도 하다. 이 책을 읽는 모두가 무한한 가능성의 씨앗을 얻어 가길 희망한다.

누구나 자신의 삶을 더 나은 상태로 만들기를 원한다. 그러기 위해 돈은 필수적이다. 하지만 지금껏 직장에 다니는 모든 이에게 '부'라는 건 자신의 삶 밖에 존재하는, 그래서 자신은 평생 가질 수 없는 '이상' 같은 것처럼 받아들여졌다.

직장만 다녀서는 부를 얻을 수 없다는 생각이, 월급만 받아서는 부자가 될 수 없다는 생각이 당연시됐다. 원하는 만큼의 막대한 부를 얻는 건 투자자나 사업가, 연예인이나 인플루언서와 같은 사람들이지 직장인은 아니었으니까. 그들을 보며 자신이 원하는 최선의 삶은 자신의 삶 밖에 존재하는 것처럼 느꼈을 것이다.

바로 그런 관점이 당신의 삶을 불행하게 만들고 있다.

당신의 정신을 야금야금 갉아먹고 있다.

그런 생각 때문에 더 나은 존재가 될 수 있는 기회를 조금씩 잃어가고 있다.

아침마다 화장실에 숨어 앉아 스마트폰으로 어제 산 주식이 몇 퍼센트 올랐는지를 확인하는 직장인이 얼마나 많은가? 전업 투자자도 아니면서, 전업 투자자의 시간과 정성에 비할 수 없을 만큼 적은 시간만 할애하면서 그들이 가진 부를 탐하고 있는 것이다.

부동산 카페에 올라와 있는 청약 정보만 믿고 주말이면 무작정 좋은 청약거리를 찾아다닌다. 사업에 필요한 전문성은 기르지도 않은 채 이런저런 유혹에 솔깃해하며 지갑을 들여다보고 고민한다. 미래를 준비한다는 명목, 경제적 지위를 얻기 위해 다방면으로 노력하고 있다는 자위, 지금의 직장만 다녀서는 도무지 길이 보이지 않는다는 불안감 같은 핑계를 대면서 말이다.

지금부터 소개할 이야기는 이 모든 것으로부터 당신을 자유롭게 만들 것이다. 거듭 말하지만 이제는 직장을 다니는 것만으로도, 자신의 업이 존재하는 것만으로도 원하는 만큼의 부를 가질 수 있는 시대다.

무엇보다도 지금은 직장을 다니는 사람에게 부 이상의 충만함이 주어지는 시대다. 당장 눈앞에 놓인 오늘이 너무나 의미 있고 행복한, 그래서 스스로가 좀 더 자랑스러워지는 삶이 직장 안에서 충분히 이루어질 수 있는 시대다.

이 책을 읽고 나서는 더 이상 당신의 삶을 엉뚱한 곳에 소모하지 않게 되길 바란다. 잡을 수 없는 파랑새를 쫓으려고 자기 삶 밖에서 서성거리는 대신, 이미 가지고 있는 파랑새의 알을 당신의 삶 속에서 품어 부화시키길 기대한다. 당신은 이미 대단한 권리를 가진 사람이다. 이제 당신 앞에 수많은 기회가 열릴 것이다.

미안하게도 대답이 많이 늦었다.

첫 질문에 대해 이제야 답한다.

"당신은 오답이 아니다."

이제야 이 한 줄로 자신 있게 대답한다.

2021년 1월

제갈현열

차 례

PART 2 제언 C가 곧 기업이다

PART 3 직언

C는 어떻게 자신의 할인율을 제거했을까

PART 1
선언

마침내 C의 시대가 도래했다

'의사결정을 할 것인가, 의사결정을 수행할 것인가?'

직장인의 미래는 서서히

이 두 가지의 선택지로 좁혀지고 있다.

직장에서 상사가 사라지는 시대

사람은 시대의 영향을 받는다. 즉, 어떤 시대를 사느냐에 따라 우리의 삶은 그 시대에 걸맞은 모양이 된다. 간혹 시대를 거스르며 자기만의 길을 개척하는 사람도 있지만 그런 이들은 극소수다. 지금 살고 있는 시대가 어떤 시대인지가 은연중에 우리의 삶에 많은 영향을 미치고 있는 것이다.

사람들에게는 저마다 자기가 살고 싶은 삶의 모습이 있다. 그 모습은 '꿈'이나 '목표'와 같은 단어들로 표현된다. 꿈과 목표를 이루는 일에도 시대는 영향을 미친다. 아무리 간절히 원해도 시대가 받쳐주지 못하면 꿈을 이루기 힘들 수밖에 없다. 결국 원하는 삶의 모습을 완성하기 위해선 '개인의 노력'과 '그 노력을 인정해주는 시대', 이 두 가지가 모두 필요하다.

시대란 이리도 우리에게 중요하건만 그럼에도 지금 자신이 어떤 시대를 살고 있는지 주의 깊게 관찰하려는 사람은 많지 않다. 그 이유는 단순하다. 시대를 관찰하면 어떤 이익을 얻게 되는지 한 번도 경험해본 적이 없기 때문이다. 하지만 단언컨대 시대를 관찰해 통찰해내는 행위는 다른 어떤 행위보다도 우리의 삶에 막대한 이익을 가져다준다.

이제 우리는 우리가 속해 있는 직장도 이런 시대적 관점에서 바라봐야 한다.

선배이자 사수였던 상사가 어느 순간 사라져 있지는 않은가?

늘 뒤에서 나의 모니터를 바라보던 사수가, 사수 뒤에서 그의 모니터를 바라보던 상사가 사라지고 있다. 아니, '상사'라고 묶어 표현할 수 있었던 그 다양한 직급들마저 이제는 사라지고 있다.

우리가 살고 있는 바로 지금 시대는 직급은 물론 부서라는 개념, 함께 모여 일한다는 관습조차도 점점 흐려지고 있다. 그리고 이렇듯 변하는 시대를 주의 깊게 관찰하면 우리의 삶 역시 분명 달라지기 시작할 것이다.

지금껏 세상은 다수를 위해 존재한 적이 없다

미국의 경제동향연구재단FOET 이사장이자 『소유의 종말』을 쓴 경제학자 제러미 리프킨Jeremy Rifkin은 "지금의 문명이 과거에 존재했던 모든 인류의 합작품은 아니다"라고 말했다. 그의 주장에 따르면 문명이란 늘 극소수의 선지자가 발휘하는 지혜와 통찰에 의해 만들어졌고, 이들은 전체 인구의 단 0.1%에 불과하다. 그리고 0.9%의 사람들은 그들이 만든 지혜와 통찰의 가치를 깨달아 이를 산업과 문명으로 발전시켜 하나의 시대를 만들었고, 나머지 99%의 사람들은 여기에 아무런 기여를 하지 않은 채 변화하는 시대가 주는 혜택과 이익을 누리지도, 경험하지도 못했다.

리프킨은 0.1%의 집단을 '창의적인 인간', 0.9%의 집단을 '안목 있는 인간', 그리고 나머지 99%의 집단을 '잉여 인간'이라고 불렀다. 이 이론에 따르면 세상에 존재하는 대부분의 부와 명예가 상위 1%에 집중되어 있는 이유는 시대가 불공평해서가 아니라, 처음부터 이 시대가 그 1%에 의해 만들어졌기 때문이다. 즉, 세상은 단 한 순간도 다수를 위해 존재한 적이 없다는 것이다.

'시골의사'라는 필명으로 알려진 박경철의 어느 에피소드는 리프킨의 주장과 맥을 같이한다. 이 에피소드를 보면 자신이 살아가는 시대를 어떠한 태도로 바라보고 이용해야 하는지를 잘 이해할 수 있다. 그의 이야기를 요약하면 다음과 같다.

1993년 모 경제연구소에서 진행된 특강에서 청바지에 후드티셔츠 차림의 A라는 사람이 청중을 모아놓고 칠판에 'WWW'라는 글자를 쓰고는 이렇게 말했다.

"이제 세상은 모두 'W' 안에 갇힐 것이다."

은행, 상점, 사교의 장 등 우리 삶을 둘러싼 모든 것이 이 'W' 안에 갇힌다는 다소 황당한 이야기였다. 그의 말을 들은 대부분의 사람들은 무슨 헛소리냐며 자리를 박차고 일어났다. 심지어 연구소 직원조차 '말도 안 되는 이야기'라며 자리에서 나갔다고 한다. 이들을 B라고 하자. 하지만 그 자리에 앉아 있던 사람들 중 단 한 사람 C만이 그의 말에서 가능성을 발견했다. B 집단이 A의 이야기를 무시하고 조롱할 때 C는 A를 찾아가 배움을 청했고, 그로부터 W에 관한 더 많은 이야기를 들을 수 있었다.

그리고 길지 않은 시간이 흘러 세상은 정말로 'W'에 갇히게 되었다. 그때 A가 말한 'WWW'란 바로 'World Wide Web', 즉 이제는 인터넷과 동의어로 쓰이는 '웹Web'이었던 것이다. C는 그때 A에게 들은 이야기에 자신의 통찰과 노력을 더해 사업을 시작했고, 골드만삭스에 회사를 매각해 600억 원의 자산을 이루게 되었다. 그리고 이 놀라운 이야기를 들려준 강사 A는 이로부터 2년 후 스스로 주장했던 'WWW의 세계'를 활용한 회사를 창업해 2조 원이 넘는 자산 가치를 지닌 회사의 CEO가 되었다.

놀랍게도 이 이야기는 박경철이 지어낸 이야기가 아니라 그가 직접 경험한 이야기였다. 우연히 강연장에서 만난 강사 A는 '다음커뮤니케이션'의 설립자이자 '쏘카'의 전 CEO인 이재웅이었고, C는 박경철의 백수 친구이자 이메일 관련 사업을 창업해 성공적으로 매각까지 치러낸 이였으며, 이 이야기를 듣고 자리를 뜬 B는 박경철 자신이었던 것이다.

즉, 리프킨의 이론에 따르면 박경철의 이야기에서 W를 처음 주장한 강사 A는 0.1%의 창의적인 사람이었고, 그 이야기 속에서 가치를 발견한 백수 친구 C는 0.9%의 안목 있는 사람이었으며, 안타깝게도 그 시절 박경철은 나머지 99%에 속한 사람이었다.

시대를 관찰해야 하는 이유를 논할 때 우리가 주목해야 하는 것은 0.9%의 '안목 있는 사람'이다. 이왕이면 0.1%의 '창의적인 사람'이 되면 좋겠지만, 현실적으로 생각할 때 누구나 창의적인 사람이 될 수 있는 것은 아니다. 하지만 자신이 사는 시대를 정확하게 관찰하기만 한다면 누구나 0.9%의 안목 있는 사람은 될 수 있다. 그 정도의 노력만으로도 창의적인 사람이 시대를 만들며 누린 혜택의 대부분을 내 것으로 만들 수 있다.

"지금의 시대는 어디를 바라보고 있는가?"

"앞으로 시대는 어떻게 흘러갈 것인가?"

이 물음의 답을 발견하는 사람에게 시대는 우리가 원하는 삶, 막대한 부, 그리고 행복을 선물해줄 것이다.

거창하게 이야기했지만 사실 이 이야기는 그리 비밀스러운 무언가가 아니다. 이미 자기 분야에서 성공을 이룬 사람들은 이 사실을 잘 알고 있었다. 세상에 도전해 꿈을 이룬 사업가나 안목 있는 투자자, 학문적인 업적을 남긴 대가나 예술가들도 마찬가지다. 그들은 시대에 주목하고 시대를 관찰함으로써 그것이 만들어내는 다양한 부산물을 '새로운 사업 분야', '투자 대상', '작품' 등으로 변환시켰다. 그들은 시대가 주는 혜택을 지혜롭게 활용한 0.9%의 안목 있는 사람들인 셈이다.

전설적인 투자자 워런 버핏Warren Buffett이 자신의 성공에 대해 "미국인으로 태어나 이토록 투자에 유리한 시대에 살 수 있었던 것은 행운이었다"라고 말한 것은 결코 겸손해서가 아니다. 그는 잘 알고 있었던 것이다. 미국이라는 자신의 '시대적 배경'과 경제 성장기라는 '시대의 흐름'이 자신의 성공에 지대한 영향을 끼쳤다는 사실을 말이다.

문제는 많은 직장인이 이러한 사실을 눈치채지 못한다는 것이다. 평범한 직장인들은 지금이 어떤 시대인가를 분석하기보다는 시대의 파도에 몸을 맡긴 채, 창의적인 사람들이 만든 시스템하에서 배정되는 업무만 수행하며 살아간다. 이것이 일반적인 직장인들의 삶이다. 이렇게 시대를 주도적으로 관찰하지 않다 보니 지금의 시대가 주는 막대한 가치를 발견할 리 만무하다. 가치를 모르니 당연히 이 시대에 무엇을 해야 하는지도 결정할 수 없다. 결정할 수 없으니 '직장인으로서 해야 한다'고 여겨지는 것들을 그저 수행하며 살아간다.

지금의 직장인들이 잘못 살아가고 있다고 비판할 마음은 전혀 없다. 이는 이전 시대에서는 옳다고 여겨지던 일종의 '직장인의 덕목'이었기 때문이다. '개인'보다는 회사라는 '조직'을 더 우선시하고, 누가 정한 것인지 알 수 없어도 일단 정해져 있는 기존의 규칙을 따르고, 때로는 왜 해야 하는지도 알 수 없는 일들을 '회사 생활'이라는 이름으로 묶어 이해하며 승진을 위해 노력하는 사람. 지금까지는 이러한 사람이 너무나 바람직한 기업의 인재상이었다.

하지만 시대가 변했다. 이제는 변화하는 시대를 직시해야 할 때다. 어느새 40대의 명예퇴직은 놀라운 일이 아니고, 50대의 명예퇴직은 당연한 일이며, 오히려 60대의 명예퇴직이 기적처럼 여겨지는 세상이 되었다. 새로운 시대에서는 회사가 개인을 책임지지 않는다. 부디 이런 시대의 변화를 그저 하나의 사회 현상인 듯 기정사실로 받아들이고 순응하지 않길 바란다.

물론 '직장인도 이미 알고 있다'고 반문할 수도 있다. 그런 사람도 분명 있을 것이다. 하지만 여전히 순응하며 살아가는 사람이 다수다. 그러면서도 '100세 시대라는데 자신의 경제적 기반은 50대를 바라보기 힘들다'며 하소연한다. 미래가 불안하니 투자며 사업이며 자기가 전혀 모르는 분야에 손을 대기 시작한다. 모르는 분야이니 수익이 날 리도 만무하다. 주변에서 하는 말만 듣고 섣불리 투자나 사업에 손을 대고 거기서 오는 손실로 또 괴로워한다. 이는 다시 회사 생활에 집중할 수 없는 이유가 되어 악순환이 반복된다. 자신의 삶이 점점 소모되어가는 것이다.

안타깝지만 냉정하게 직시해보면 많은 직장인의 현실은 대개 이런 모습이다.

우리가 한심하게 생각하는 상사의 모습이며, 잔꾀만 부리는 못마땅한 부하 직원의 모습이다.

어쩌면 지금 우리의 모습일지도 모른다.

이제는 이 악순환의 연결고리를 끊어야 할 때다. 그 시작은 직장인의 시대가 어떻게 변화하고 있는지부터 제대로 파악하는 것이다.

변한 시대는 직장에 다니는 당신을 위해 엄청난 선물을 잔뜩 준비해놓고 지금도 당신이 자신을 바라보길 기다리고 있다. 그러면서 시대는 당신에게 이렇게 외치고 있다.

'더 이상 직장을 다니면서 미래를 불안해하지 않아도 되는 시대가 왔다'고.

직장의 연봉 테이블 안에 갇혀 있는 것이 아니라, 연봉 테이블을 넘어서는 부를 손에 넣을 수 있는 시대가 바로 지금이라고.

화려한 은퇴와 경제적 자유를 꿈꾼다면 충분히 그렇게 할 수 있고, 또 언제까지고 현역으로 남아 회사와 사회에 기여하고 싶다면 그럴 수도 있는 시대라고.

그 시대를 손에 움켜쥘 수 있는 기회가 바로 눈앞에 있다.

그렇다면 변화한 지금 시대는 과연 어떤 모습을 하고 있을까?

이제 직장 내 사다리는 없다

지금 시대가 어떤 모습인지를 가장 잘 보여주는 말이 있다.

"직장의 상사가 사라지는 시대."

삼성과 LG, SK 등 국내 대기업들을 비롯한 많은 회사에서 지금 이 시간에도 하나둘 '직급'을 없애고 있다.

2017년부터 LG전자는 오랜 시간 유지해온 직급 체계를 단순화하는 작업에 돌입했다. 사원 직급만 그대로 남기고 대리와 과장은 '선임'으로, 차장과 부장은 '책임'으로 직급을 통합하면서 이를 "경영 환경 변화에 신속히 대응하고 자율적인 조직 문화를 만들기 위한 조치"라고 설명했다.

삼성전자는 이보다도 먼저 직급 단순화를 시행했다. 직원 간의 호칭을 '○○ 님' 등으로 바꾸는 동시에 직급 체계부터 회의 문화, 회식 문화, 업무 지시, 인사 평가까지 전반적인 시스템을 혁신했다.

SK 역시 시간이 지나면 승진 대상자가 되어 차례로 승진하는 정기 승진 제도를 폐지하고 '인사 마일리지' 제도를 도입해 연차와 상관없이 마일리지 누적 점수에 따라 승급되도록 체계를 변경해 유지하고 있다.

이러한 변화는 너무나 당연한 것이다. 글로벌 저성장이 장기화되고 그에 따라 기업의 성장도 정체되면서 기업 구성이 기존의 피라미드 구조에서 점차 역피라미드 구조로 바뀌고 있기 때문이다. 조직원들을 더는 과거와 같은 속도와 방식으로 승진시킬 수 없게 되었다. 이에 따라 기업들도 직급을 축소하고 팀장 또는 PMproject manager 등의 '직책' 중심으로 조직을 재구성하고 있다. 또한 직원들의 역할을 통합하거나, 팀원의 역할을 민첩하게 바꾸어가며 인력을 효율적으로 활용할 수 있는 애자일 조직agile organization 등 이런저런 시도를 하며 해법을 찾아가고 있다.

기업이 오랫동안 유지해온 관행을 혁신한다는 건 분명 유의미한 변화다. 그런데 우려스러운 점은, 직장에 다니는 사람들에게 이런 현상에 대한 의견을 물으면 다수가 이를 대수롭지 않게 받아들인다는 것이다. 많은 직장인이 직급을 없애는 현상에 대해 "이제 상사를 '○○ 님' 혹은 영어 이름으로 불러도 되니 좋을 것이다"라며 단순하게 생각하거나, 직장 내 평등을 보여주기 위한 '실리콘밸리 기업 따라 하기', 즉 회사 운영의 쇼 정도로만 여긴다. 또는 회사가 직급별 급여 총액을 통제함으로써 원가를 절감하는 방안 중 하나라고 생각하기도 한다. 하지만 이 현상의 이면에는 생각보다 엄청난 시대적 변화가 숨어 있다.

이러한 변화를 잘 설명한 학자 중 한 명인 예일대학교 로스쿨 교수 대니얼 마코비츠Daniel Markovits는 "세상은 이미 '유능한 엘리트의 시대'로 넘어가고 있다"라고 진단했다. 그는 산업화 시대를 거치면서 지금의 시대가 계급주의에서 능력주의로 변화하고 있다고 설명한다. 계급에 의해 부를 물려받는 시대가 아니라 능력에 따라 부를 창출하는 시대로 변화한다는 것이다.

계급에 의해 부를 물려받던 시대에는 귀족 2세들이 그들의 부모가 나온 명문 대학교에 부모의 추천으로 입학하는 것이 당연하고 자연스러운 일이었다. 그들은 젊은 시절에 경영 수업을 받는 대신 여행을 다니거나 사교 활동을 하며 견문을 넓히다가 어느 정도 적절한 시기가 되어야만 비로소 집안의 사업에 참여하며 부를 관리하기 시작했다. 따라서 업무에 적응하는 데 적지 않은 시간이 필요했고, 때로는 그 기간을 거친 후에도 무능함을 극복하지 못했다. 무능한 그들을 보좌하기 위해 수많은 조력자가 필요했고, 이 조력자들이 각기 다른 이름으로 불리며 많은 '중간관리자' 직급이 생겨났다.

그리고 산업화 이후 사업이 다양해지는데도 여전히 경영에 취미를 붙이지 못한 귀족 오너들을 위해 더 많은 중간관리자가 필요해졌고, 회사가 성장함에 따라 커진 조직에 맞게 또 중간관리자 아래의 중간관리자가 생기기 시작했다. 이 중간관리자가 모여 만들어진 계층이 바로 '중산층'이다. 한 회사의 창업자가 회사를 운영하다가 회사를 자녀에게 물려주고 나면 아직 경영에 미숙한 자녀를 보좌하기 위해 중간관리자를 채용했고 조직이 커짐에 따라 부장·차장·과장 등 다양한 이름으로 중간관리자의 역할을 확장시켰다는 것이다. 마코비츠는 이런 '엘리트의 무능함'이 미국의 경제 호황기 시절 중산층의 부상을 이끌었다고 설명한다.

하지만 세상이 점차 계급주의 시대에서 능력주의 시대로 전환되면서 개개인이 가진 순수한 능력으로도 부를 만들어낼 수 있게 되었다. 그렇게 '유능한 엘리트'들이 출현하기 시작했다. 물려받은 부를 즐기는 귀족주의aristocracy 시대에서 자신의 노동이 지닌 가치를 부로 치환하는 능력주의meritocracy 시대로 바뀐 것이다. 그들은 오직 자신의 노력만을 통해 능력을 향상시켰으며 향상된 능력을 부로 치환했다. 능력을 부로 치환한 능력 있는 소수들이 새로운 엘리트층으로 부상하면서 그렇게 '유능한 엘리트의 시대'가 찾아왔다.

유능한 엘리트의 시대에는 중간관리자가 많이 필요하지 않다. 그들은 중간관리자의 능력과 일 처리 속도에 만족하지 않기 때문이다. 유능한 엘리트들은 자신들의 존재 가치를 사업적 성과를 통해 증명하기 시작했고 더 큰 성과를 위해 더욱 일을 탐했다. 또한 일의 효율성을 증대시켰으며 개인의 능력을 통해 막대한 부를 만드는 방법을 발견했다.

즉, 귀족주의 시대에는 1명의 무능한 지도자를 위해 100명의 중간관리자가 필요했지만 지금은 유능한 엘리트 1명이 중간관리자 100명에 달하는 능력을 갖고 효율적으로 일을 수행하는 시대다. 심지어 최근에는 본격적으로 사업에 뛰어들기에 앞서 다양한 경영자 수업을 받거나, 자신이 직접 스타트업을 창업해보는 등 유능한 엘리트의 면모를 갖추기 위해 노력하는 2세, 3세 경영자도 많아졌다.

그러다 보니 부의 분배에 불균형이 생길 수밖에 없다. 마코비츠는 미국의 경우 유능한 엘리트들은 더욱 많은 부를 얻게 되었지만, 중간관리자 역할이 더 이상 필요치 않게 되면서 중산층을 형성하던 계층의 사람들은 높은 소득을 기대하지 못하게 되었다고 주장한다. 중산층이 붕괴되고 있다는 것이다.

이로써 새로운 시대에는 중간관리자라는 이름이 사라져감에 따라 일을 총괄하고, 기획하고, 운영하는 소수의 '디렉터director'와 그들이 의사결정하고 지시한 일을 수행하는 '오퍼레이터operator', 크게 단 두 가지 집단만이 남게 될 것이다.

디렉터가 될 준비를 하지 못한 많은 중간관리자들은 이제 관리자가 아니라 오퍼레이터로서 실무를 하게 될 가능성이 매우 높아졌다. 만약 주변에 "예전에 우리 선배들은 이 정도 업무 연차가 쌓이면 안 하던 일들인데 나는 아직도 계속하고 있어"라고 이야기하는 사람이 있다면 그는 디렉터가 되지 못한 오퍼레이터일 확률이 매우 높다. 직장 내 구성원이 디렉터와 오퍼레이터라는 두 가지 계층으로 완전히 갈림에 따라 그들의 업무 양상 역시 양극화되는 것이다.

직장 내 업무의 양극화는 급여의 차이로도 이어진다. 급여에도 양극화가 발생하는 것이다. 미국의 경제정책연구소Economic Policy Institute의 발표에 따르면 1970년대에는 직원과 경영진의 월급 차이가 25배 정도였지만, 지금은 그 차이가 수백 배 혹은 수천 배에 이른다고 한다. 중간관리자가 회사 업무를 충실하게 수

기업 경영 구조의 변화

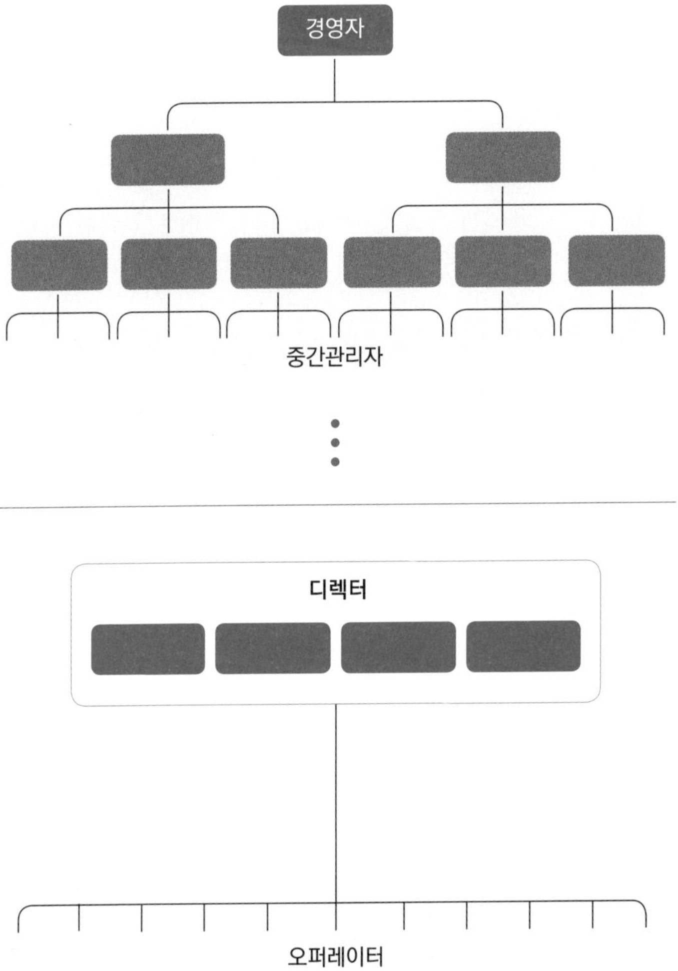

행하고 연차가 쌓이면 자연스럽게 가져갈 수 있던 부마저도 이제는 성과를 낼 수 있는 유능한 엘리트 디렉터들이 독점하게 된 것이다.

마코비츠는 이런 시대의 변화를 걱정했다. 유능한 엘리트의 부상이 중산층을 몰락시키고 사회를 양극화시키며 결국에는 개개인의 삶의 질을 현격히 떨어뜨릴 수 있다는 우려였다.

하지만 이 책에서는 그의 우려를 직접적으로 언급하진 않을 것이다. 우리는 지금 0.9%의 '안목 있는 사람', 즉 유능한 엘리트가 되기 위해 이 이야기를 하고 있으니까 말이다. 중요한 것은 시대를 바라보고 해석하는 그의 통찰에 있다. 거기에 우리가 하려는 이야기가 숨어 있다.

유능한 엘리트의 시대를 정의하면 다음과 같다.

"개개인이 가진 능력에 따라 얼마든지 부를 가져갈 수 있는 시대."

물론 같은 시대라 하더라도 모든 국가가 똑같이 유능한 엘리트의 시대로 접어든 것은 결코 아니다. 이러한 변화는 마코비츠가 이야기한 것처럼 미국에서 가장 먼저 시작됐다. 그리고 한국은 이를 놀라운 속도로 추격하고 있다. 그 증거로 마코비츠가 이야기한 '유능한 엘리트 시대의 가장 큰 사회적 특징'을 들 수 있다.

그는 시험과 성과 등 개인의 노력을 수치화할 수 있는 지표를 통해 노동력의 등급을 나눈다는 것이 유능한 엘리트 시대의 가장 큰 특징이라고 말한다. 그리고 시험과 성과에서 가장 고도화된 평가 시스템을 갖춘 곳이 바로 이곳, 한국이다. 게다가 한국은 노동유연성이 상대적으로 높지 않다. 그만큼 효율성을 극대화하기 위해 직장 내 구조를 변경할 가능성도 높다.

지금 내가 몸담고 있는 직장에서 계급, 즉 직급이 사라지는 진짜 이유가, 당신의 상사가 사라지는 진짜 이유가 바로 여기에 있다. 기업은 더 이상 단계별 업무 보고를 중심으로 하는 전통적인 중간관리자로서의 능력을 필요로 하지 않는다. 유능한 엘리트인 디렉터라면 스스로도 얼마든지 업무를 모니터링할 수 있는 능력을 갖추고 있기 때문이다. 또한 이들이 손쉽게 오퍼레이터들을 모니터링할 수 있도록 기업의 환경 역시 변화하고 있다. 기업이 추구하는 가장 중요한 목적은 언제나 그랬듯 '이윤'이다. 이들은 직급 체계를 갖춰 여러 중간관리자를 두는 기존의 구조보다, 소수의 유능한 엘리트와 다수의 오퍼레이터로 조직을 양극화시킨 구조가 훨씬 더 큰 이윤을 추구할 수 있다는 사실을 깨달았다.

몇 년 전 울산에 있는 한 조선사의 모 부장과 대화를 나눈 적이 있다.

"우리 부서에는 부장만 10명이 넘어요. 그러다 보니 누가 누구에게 업무를 지시하기가 어려워서 오히려 그 밑에 있는 차장이 부서장 역할을 하고 있어요. 그건 그렇고, 요즘 부장들의 최대 관심사는 주식 투자인데 혹시 추천해줄 종목 없어요?" 이 말을 듣고 과연 앞으로의 시대는 이런 사람을 어떻게 평가할까 하는 걱정이 들어 마음이 편치 못했다.

기업은 점점 부장·차장·과장이 발휘하는 업무 처리 능력을 필요로 하지 않을 것이다. 자연히 그들에게 직급을 달아줄 이유도 사라졌다. 이런 전통적인 중간관리자들을 정년까지 품고 있을 이유는 더더욱 사라진 지 오래다.

삼성의 고 이건희 회장이 입버릇처럼 이야기했던 "한 명의 천재가 만 명을 먹여 살린다"라는 말이 이제 진짜 현실로 다가온 것이다. 당신의 상사가 없어지는 현상은 기업이 생존을 위해 다음 단계로 진화하고자 움직이기 시작했다는 가장 확실한 증거다.

유능한 엘리트 vs. 수동형 오퍼레이터

선택적 자각은 인간의 가장 큰 특징 중 하나다. 인간은 '아는 것 안에서 보고 사는 존재'다. 취업이 간절한 취업준비생부터 은퇴를 생각하는 대기업 간부, 사업을 확장하고 싶은 청년 사업가와 투자의 묘미를 깨달은 전업 투자자까지, 사람들은 모두 각기 다른 위치에 있고 저마다 다른 것을 바라보며, 그들을 둘러싼 환경 역시 판이하게 다르다. 이들에게 시대를 어떻게 보느냐고 질문하면 그들은 자신의 삶을 통해 얻은 각기 다른 렌즈로 이 시대를 해석해 답할 것이다.

취업준비생의 눈에는 세상의 모든 것이 스펙으로 보일 것이다. 사업가의 눈에는 세상의 모든 불편함이 사업 아이템으로 보일 것이고, 투자자의 눈에는 모든 위기가 투자의 기회로 보일 것이다. 지금 어떤 삶을 살고 있는가, 그 삶에서 무엇을 깨달았는가에 따라 세상은 다르게 해석된다는 뜻이다.

반면에 유독 회사에 다니는 직장인들은 대부분이 선택적 자각 능력을 거의 활용하지 못한 채 살아간다. 이것이 '직장인이어서'는 아니다. 많은 직장인이 '회사 업무를 수행하는 삶'과 '실제 나로서의 삶'을 분리한 채 자기의 직무에서는 흥미로운 지점을 발견하지 못하고 살아가기 때문이다. 수능 점수에 맞춰 대학과 전공을 정했듯이, 바늘구멍 같은 취업문 앞에서 나의 적성까지 고려하며 직무와 회사를 선택하기는 현실적으로 어려운 일이니 말이다.

하지만 이제부터라도 직장인들 역시 자신만의 시각으로 시대를 바라봐야 한다. 우리가 사는 이 시대에는 지금부터 이야기할 막대한 가치가 숨어 있기 때문이다.

지금의 시대 변화에 비추어 예견하건대 앞으로의 직장에는 결정을 내리는 소수의 유능한 엘리트들과 그들의 결정을 수행하는 다수의 오퍼레이터들, 이 두 계층만이 존재할 것이다.

지금 우리의 직장에서는 이런 현상이 은밀하게 또는 공개적으로 벌어지고 있다. 이 현상이 바로 '새로운 시대의 도래'다.

이 상황에서 당신은 무엇을 할 것인가?

새로운 지도에 중간은 없다

지금이 어떤 시대인지를 정확히 인지했다면 가야 할 길은 명확하다. 디렉터로 성장하거나 오퍼레이터로 안주하거나.

눈앞에 디렉터와 오퍼레이터라는 두 가지 선택지가 놓였을 때, 누구나 디렉터를 선택할 것이라고 단정할 수는 없다. 오퍼레이터의 삶에도 그 나름의 가치가 있기 때문이다. 업무 숙련도만 보장되면 상대적으로 예측 가능한 삶을 살 수 있다. 이런 안정감이 주는 장점도 크다. 기업들 역시 역할이 양극화되었다고 해서 오퍼레이터를 하찮게 여기거나 이들을 폄하하지는 않는다. 오히려 오퍼레이터는 기업의 운영과 존속을 위해 필수불가결한 존재들이다.

하지만 오퍼레이터는 특정 회사와 특정 직무에 종속되기 때문에 그 회사나 직무가 가진 리스크에도 고스란히 노출될 수밖에 없다. 쉽게 말해 회사가 망하면 오퍼레이터들은 새 일자리를 찾아 전전긍긍해야 하지만 디렉터들은 스카우트를 통해 자유롭게 이직할 수 있다. 직무 역시 마찬가지다. 설령 자기 직무의 중요도가 떨어진다고 해도 디렉터는 직무보다는 '경영'에 초점을 맞춰 일하는 자리이기 때문에 직무가 사라져도 크게 위협받지 않는다. 반면 오퍼레이터는 새로운 일자리를 찾기가 어려울 것이다.

이러한 위험 부담은 차치하더라도, 기업의 입장에서 냉정하게 생각해보면 오퍼레이터는 '대체 가능한 인력'이다. 그러니 기술의 발달에 따라 AI에게 일을 맡기게 되거나, 여러 요인으로 인해 구조조정을 해야 하는 상황이 오면 오퍼레이터는 그 피해를 고스란히 떠안게 될 가능성이 높다.

조직의 인재상에 걸맞은 업무 능력과 태도를 가진 훌륭한 오퍼레이터라고 해도 기업은 그에게 큰 가치를 부여하지 않는다. 오퍼레이터가 기업의 가치를 높이는 일은 드물기 때문이다. 지금은 노동집약적인 산업의 시대도 아니다. 오퍼레이터의 노동은 회사에 꼭 필요하긴 하나 그렇다고 해서 유익한 가치를 창출해

내지는 못한다. 기업은 그런 오퍼레이터들에게 크게 고마워하지도 않는다. 그들은 '당연히 해야 할 일'을 한 사람들일 뿐이다. 그래서 오퍼레이터의 길을 선택하면, 앞으로의 시대에서는 대우받지 못할 수도 있다.

아직도 일부 기업에서는 오퍼레이터라도 근속연수를 채우면 일정 직급으로 승진시켜주고, 연봉 테이블에 따라 연봉도 올려준다. 하지만 회사는 늘 '경영효율화'와 '원가 절감'이라는 목표를 갖고 이익을 극대화하는 방향으로 움직인다. 예견하건대 변화하는 환경 속에서 그러한 제도는 머지 않아 과거의 유산으로 남게 될 것이다.

물론 근로기준법을 비롯한 노동 관련 법률에 의해 모든 정규직 직원은 정년이 보장되니, 오퍼레이터들도 일자리는 보전할 수 있을 것이라 생각할 수도 있다. 하지만 현실은 그렇지 않다는 걸 우리는 너무나 잘 알고 있다. 법만 믿고 기대기엔 기업의 이윤 추구 방식은 생각보다 잔인하기 때문이다.

지금 이 순간에도 C는 탄생하고 있다

이런 양상을 볼 때 우리를 둘러싼 환경이 '유능한 엘리트'와 '수동형 오퍼레이터'로 양극화된다면 우리는 당연히 유능한 엘리트를 목표로 하는 편이 살아남기에 더 유리할 것이다.

그렇다면 이 유능한 엘리트들은 과연 누구를 말하는 것일까?

그들은 아주 익숙한 동시에 익숙하지 않은 존재이기도 하다. 그들은 수십 년부터 존재했지만 지금 이 순간에도 새로운 이름으로 재탄생되고 있다.

기업은 이들을 통틀어 'C레벨'이라고 부른다.

직장인들에게 가장 익숙한 대표적인 C레벨은 CEOChief Executive Officer일 것이다. 이는 오래전부터 우리 곁에 있었다. 반면 낯선 C레벨들도 존재한다. 최고정보책임자를 의미하는 CIOChief Information Officer나 최고전략책임자를 의미하는 CSOChief Strategy Officer, 최고운영책임자를 의미하는 COOChief Operating Officer와 같은 이름이 여기에 속한다. 이뿐만 아니라 지금 이 시간에도 새로운 직함의 C레벨들은 끊임없이 생겨나고 있다.

모든 기업에 동일한 C레벨이 존재하는 것도 아니다. 기업의 목표나 방향, 사업의 정체성에 따라 얼마든지 그 기업만의 C레벨이 탄생할 수 있다.

그렇다고 해서 지금부터의 이야기가 "열심히 일해서 여러분이 다니는 직장의 CEO가 되어라"라는 말은 결코 아님을 분명히 해두고 싶다. 동료들보다 열심히 노력해서 '임원'이 되라는 말은 더더욱 아니다. "C레벨이 되어라"라는 말과 "승진해 임원이나 사장이 되어라"라는 말은 얼핏 비슷해 보이나 전혀 다른 차원의 이야기다. C레벨과 임원은 애초부터 성질이 전혀 다른 존재이기 때문이다.

지금 기업들의 C레벨 구조를 보면 이 이야기에 대해 의문이 들 수도 있다. C레벨의 이름을 달고 있는 임원들도 물론 있으니 말이다. 단, 그 C레벨이 충분한 자격을 갖춘 C레벨이 아니라면 위에서 언급한 '유능한 엘리트'에는 속하지 않는다. 특정한 제왕적 오너·경영자에 의해 결정되는 조직의 C레벨, 혹은 단순히 직무에 따라 배정된 C레벨이라면 우리가 이야기하고자 하는 '의사결정권을 가진 C레벨'에 해당되지 않는다. 이 점을 기억하길 바란다.

우리가 말하고자 하는 'C레벨이 되어라'라는 이야기는 단순히 직함을 높이라는 말 이상의 의미다. 뒤에서 자세히 이야기할 'C의 유전자'를 갖춰서 자신의 역량과 가능성을 직장 내 최고 수준까지 끌어올리라는 이야기다. C레벨은 그렇게 해서 얻을 수 있는 많은 혜택 중 가장 상징성 있는 결과다.

앞으로 이어질 이야기는 기존의 많은 직장인 자기계발서에서 말해왔던 노력해서 임원이 되라는 이야기와는 전혀 다를 것이다. 우선 이야기의 방향을 제대로 설정하기 위해 C레벨이라는 말의 정확한 의미를 짚고 넘어가는 것이 중요하다.

지금 시대에 기업은 왜 C레벨을 점차 확장해나가고 있을까?

그 본질적인 이유는 무엇일까?

결론부터 말해보자.

기업의 운영 방식이 크게 변화했기 때문이다.

종래에는 기업의 경영 방식이 일원수직구조였다면 지금은 다원양등구조로 변화하는 추세다. 지금껏 대부분의 기업은 한 명의 사장 아래 전무나 상무 같은 임원진이 있고, 그 아래로 부장·차장·과장과 같은 중간관리자, 그리고 대리·주임·사원과 같은 실무자로 나뉜 일원수직구조로 구성돼 있었다. 이 구조 속에서 의사결정권을 손에 쥐고 있는 사람은 오직 사장 한 명뿐이며 나머지 모든 임직원들은 사장의 결정에 따라야 한다. 말 그대로 한 명의 권력자(일원) 아래 모든 이들이 수직적으로 배치된 구조다.

그러나 지금은 사장 한 사람이 모든 사안에 적시적이고 합리적인 의사결정을 내리기 어려운 시대다. 기업을 둘러싼 생태계는 이전보다 훨씬 복잡해졌고 기업의 규모도 커졌다. 커지고 복잡해진 기업을 운영하면서 혼자 재무·경영·인사·마케팅 등 모든 분야의 의사결정을 하기는 거의 불가능에 가깝다. 이런 변화에 따라 기업에서는 의사결정을 해야 하는 각 분야에 '최종의사결정권'을 가진 존재들이 등장하기 시작했다. 바로 이들이 앞에서 말한 'C레벨'이다.

CFO Chief Financial Officer라면 기업의 재무와 관련된 모든 사안에 최종의사결정권을 행사하고, CMO Chief Marketing Officer라면 기업에서 행해지는 모든 마케팅에 최종의사결정권을 행사한다. 이처럼 많은 기업이 경영에 필요한 다양한 분야마다 의사결정권자를 두어 자율적으로 최종의사결정을 내리는 방식으로 변화하고 있다.

"현실적으로는 어차피 CEO가 다 결정하는 것 아닌가?"라고 반문할 수도 있다. 이는 C레벨 체제를 갖추고 있음에도 여전히 경영 방식은 일원수직구조 상태에 머물러 있는 혼재적인 상황을 주변에서 많이 접하고 있기 때문이다.

우리가 지금 설명하는 구조는 '전문성을 갖춘 C레벨이 의사결정을 하고, CEO는 이 의사결정을 수용하며 각 C레벨 간의 이견을 조정하고 그렇게 결정된 최종의사결정에 책임을 지는' 형태다. 즉, CEO가 모든 의사결정을 하는 구조가 아니다. 선진화된 기업에서는 이미 이러한 조직적 변화를 수행하고 있다. 그들은 제왕적 오너(혹은 CEO, 창업자, 대표이사) 한 사람이 독단적으로 의사결정하는 것을 도저히 이해하지 못한다. 안타깝게도 이는 지금까지 한국에서 일반적으로 통용되었던 기업 문화이기도 하다.

정치 SNS 스타트업인 '옥소폴리틱스'의 CEO이자 트위터, 에어비앤비 등의 실리콘밸리 기업에서 실제로 일한 경험이 있는 유호현 대표가 공저한 『실리콘밸리를 그리다』에서 실제 실리콘밸리에서 근무하는 사람들은 다수의 우리나라 대기업은 위계 조직(Rand-driven organization)이고, 성공을 거둔 많은 실리콘밸리 기업은 역할 조직(Role-driven organization)이라고 말한다. 이에 따라 의사결정 프로세스와 업무 스타일은 확연히 달라진다.

위계 조직은 기본적으로 제일 윗사람이 의사결정권을 가지는 반면, 역할 조직은 모두에게 의사결정권이 있다. 개인에게 부여되는 책임도 더 무겁다. 따라서 역할 조직은 최고의 성과를 내는 인재를 뽑으려고 애쓰고, 일이 제대로 돌아가게 하기 위해 매우 활발하게 소통한다. 하지만 위에서부터 의사결정이 내려오는 구조인 위계 조직은 소통이 아니라 '명령에 따른 빠른 실행'을 우선한다.

미국, 특히 실리콘밸리의 기업들이 폭발적으로 성장하면서 그들의 방식은 글로벌 기업의 표준이 되고 있다. 그들의 경영 구조가 갖는 힘과 성공적인 결과물을 자연스럽게 접하고 있으므로, 한국의 기업 환경 역시 위계 조직에서 역할 조직으로 변할 것이며 이 변화는 점점 가속화되리라 예측된다.

이런 변화의 양상을 감안하면 지금의 현실과 우리가 이야기하는 상황 사이의 괴리감이 다소 좁혀질 수 있을 것이다. 다시 한번 말하지만, 우리는 '변해가는 시대'를 기준으로 C레벨에 대해 이야기하고 있다.

즉, 우리가 지칭하는 C레벨은 위계 조직에서 사장 아래에 존재하는 한 명의 임원을 이야기하는 것이 아니다.

우리가 말하는 진정한 C레벨은 자신의 분야에서 최종의사결정권을 갖고 있는 '대표'다.

이것이 바로 임원과 C레벨의 가장 큰 차이이다.

일원수직구조하의 임원에게는 최종의사결정권이 없다는 점에서 그들도 결국은 '대표'라는 상사가 있는 상위의 중간관리자에 불과하다. 하지만 C레벨은 관리자가 아닌 의사결정권자다. 임원 위에는 누군가 존재하지만 C레벨은 이미 자기 분야에서 최고의 위치에 오른 사람들이다.

스타트업에서는 이런 현상이 더욱 분명히 나타난다. 갈수록 심화되는 경쟁 속에서 스타트업은 매 순간 사활을 걸어야 하는 운명에 놓여 있다. 한 번의 선택이 돌이킬 수 없는 결과를 낳을 수 있기에 스타트업이 성공하기 위해서는 반드시 정교하고 적확한 의사결정이 필요하다. 이 때문에 한 명의 창업자가 모든 권한을 가지고 의사결정을 하기보다는 각 분야의 C레벨들이 함께 모여 최적의 결정을 도출하기 위해 노력하는 것이다. 중요한 것은, 최근 기업 가치가 높은 스타트업을 보면 보편적으로 C레벨 아래에 더 이상 중간관리자가 존재하지 않는다는 사실이다. 이 경우

일원수직구조와 다원양등구조

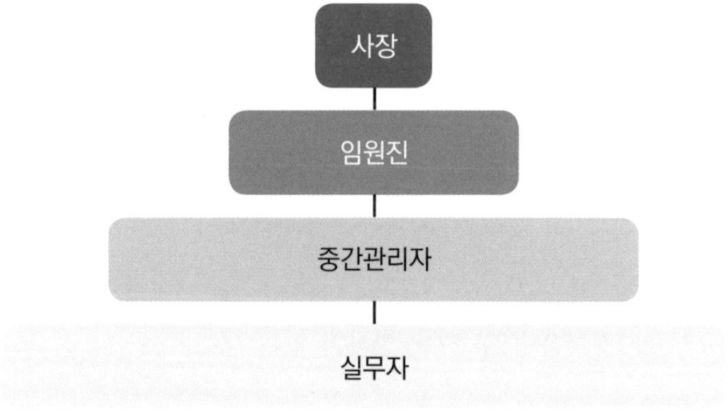

일원수직구조

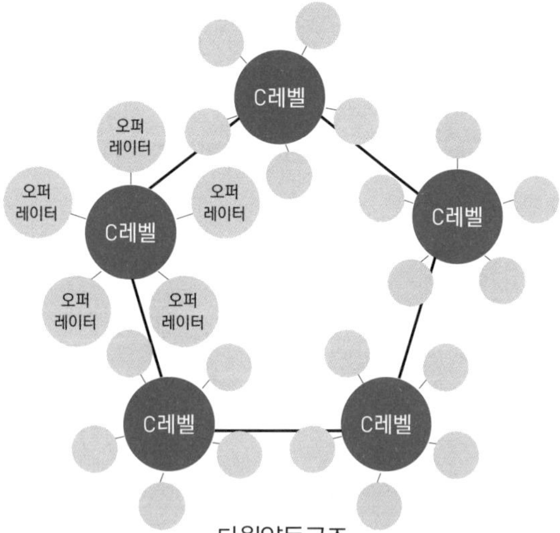

다원양등구조

C레벨은 그 분야를 책임지는 진정한 '유능한 엘리트'다. 그들은 스스로 최적의 의사결정을 내릴 수 있는 존재다. 그들에게 필요한 건 그 결정을 충실하게 실행해줄 오퍼레이터들뿐이다.

다양한 C레벨들이 동등한 권력을 갖고 같은 선상에 존재하며(다원), 그 아래 모든 오퍼레이터 역시 동등한 지위를 가지는(양등) 다원양등구조를 그림으로 표현하면 52쪽의 그림과 같다.

'진급'이 아닌 '진화'하라

물론 모든 기업의 경영 구조가 C레벨 중심으로 완전히 변한 것은 아니다. 여전히 일원수직구조 속에서 직급을 가진 중간관리자들이 존재하는 기업도 많다. 지금은 과도기다. 분명한 사실은 우리의 기업 경영 환경이 점차 C레벨 중심의 다원양등구조로 변하고 있다는 것이다. 미국은 이미 과도기를 지났고 한국에서도 네이버나 카카오 같은 발 빠른 기업들이 이 구조를 취하고 있다. LG나 삼성처럼 체계를 바꾸기 쉽지 않은 거대 기업 역시 마찬가지다. 이런 현상들은 입을 모아 우리에게 말해주고 있다. 미국의 경제적 구조를 따라가고 대기업의 경영 구조가 중견·중소기업으로 퍼져나가는 특징을 지닌 우리 한국에도 이제 곧 전혀 다른 형태의 기업 구조와 경영 방식이 일반화될 것이라고 말이다.

52쪽의 그림은 단순히 경영의 변화만을 의미하는 것이 아니다. 이 그림은 앞으로 우리 머릿속에 반드시 각인해야만 할 가장 중요한 지표 중 하나다. 우리가 있어야 할 자리가 이 그림 안에 존재하기 때문이다.

기존의 경영 구조에서는 누구든 자리가 명확했다. 직급이 곧 자리인 구조였기 때문이다. 그에 따라 올라가야 할 지점도 명확히 보였고, 각자의 직급에 따라 얼마만큼의 시간을 들여 어떻게 노력하고 행동해야 그 지점까지 올라갈 수 있는지도 비교적 뚜렷하게 알 수 있었다.

가령 사원은 입사 후 3~4년 동안 회사의 기조에 크게 거스르지 않고 큰 사고를 치지 않으면 대리라는 직급으로 올라갈 수 있었다. 과장이라면 5~6년 동안 근태 및 고과에 대한 평가치가 평균치보다 높기만 하다면 차장이 될 수 있었다.

하지만 이런 시대가 저물고 있다.

새로운 시대가 벌써 코앞까지 다가왔다.

그 시대를 상징하는 경영 구조를 보라.

거기엔 아직 당신의 모습이 보이지 않는다.

어디까지 올라갈 수 있는지도 알 수 없고, 어떻게 해야 올라갈 수 있는지도 보이지 않는 시대가 오고 있다.

지금 그대로 안주하다가는 당신도, 당신의 부하 직원도, 당신의 상사도 올라갈 방법을 찾지 못한 채 오퍼레이터라는 거대한 집단에 매몰될 수 있다. 이를 경계해야 한다.

SNS에서는 꽤나 주기적으로 '성공적인 직장 생활을 위한 팁'을 다룬 콘텐츠가 유행한다. 직장 생활을 어떻게 효과적으로 할 수 있는지, 사랑받는 부하 직원이 되려면 무엇을 해야 하는지, 고과를 높이는 방식에는 어떤 것들이 있는지와 같은 내용들이었다. 이런 콘텐츠들이 하는 말은 간단하다.

"직장을 다니면서 빠른 진급을 통해 자신의 가치를 높이고 싶다면 이런 행동을 하라!"

단언한다. 지금까지 존재했던 소위 '성공적인 직장 생활을 위한 팁'은 모두 그 가치를 잃어버릴 것이다. 직급 상승은 차치하고, 직급이 더 이상 존재하지 않는 시대이기 때문이다. 그 대신 새로운 시대에는 '신분 상승'만이 존재할 것이다.

'의사결정을 할 것인가, 의사결정을 수행할 것인가?'

직장인의 미래는 서서히 이 두 가지의 선택지로 좁혀지고 있다. 우리는 이 거대한 미래의 선택지 한가운데에 놓여 있음을 명심해야 한다.

만약 전자를 원한다면 우리는 무엇을 해야 하는가?

진급이 아닌 진화를 해야 한다.

C레벨이라는 완전히 다른 영역에 도달하려면 한 걸음 한 걸음 올라서는 것이 아니라, 전에 없던 새로운 관점과 방식으로 C레벨의 역량을 개발해야 한다. 그 방법은 이 책을 통틀어 가장 중요한 내용이므로 3장에 걸쳐 자세히 이야기하도록 하겠다. 우선 이 사실을 이해한 당신이 가장 먼저 해야 할 일은 머릿속에 새로운 지도를 그리는 것, 그리고 그 지도엔 '중간'이 없다는 것을 깨닫는 것이다.

고장 난 나침반을 버려야 할 때

목적지에 도달하기 위해서는 무엇이 필요할까? 지도와 나침반이다. 지도는 현재 내가 어디에 있는지를 알려주는 도구이고 나침반은 내가 가고 있는 방향이 옳은지 그른지를 알려주는 도구다. 즉, 지도는 현재를 알려주는 지표이고 나침반은 미래로 이끌어주는 길잡이인 셈이다.

세상에 널려 있던 직장 생활을 위한 팁과 규칙들은 이제껏 직장을 다니는 많은 이들에게 좋은 나침반이 되어주었다. 하지만 지금까지의 이야기를 통해 당신에게는 새로운 지도가 생겼다. 그 지도가 지금 시대의 직장이, 그리고 지금 당신이 어디에 위치하고 있는지를 정확히 인지하는 데 도움이 되었으리라 믿는다. 완전히 바뀐 지도를 손에 넣은 순간 지금까지 쓰던 나침반은 아무런 도움이 되지 못한다. 고장 난 나침반은 과감히 버려야 하고, 지금이 그 나침반을 버리기에 확실한 적기다. 그리고 이 장에서는 당신에게 새로운 길라잡이가 되어줄 나침반 하나를 선물하고자 한다.

새로운 지도에 걸맞은 새로운 나침반은 아주 간단한 수식이다. 그리고 이 간단한 수식 하나가 당신이 알고 있던 모든 상식을 완전히 뒤집을 것이다. 나아가 당신이 앞으로 바라봐야 할 방향이 어디인지를 알게 해줄 것이다. C레벨의 시대에 올바른 방향을 가리켜줄 나침반은 다음과 같다.

당신의 가치를 결정하는 단 하나의 공식

$$\text{Value} = \frac{\text{Salary}}{\text{Risk}}$$

아주 간단해 보이는 이것은 가치를 측정하는 공식이다. 정확히 말하면 '시대와 개인이 지닌 모든 유무형의 가치'는 이 공식을 통해 산출이 가능하다. 아마 재무에 익숙한 사람이라면 이 공식의 기본적인 구조를 눈치챘을지도 모른다. 회계나 재무관리에서 기업이나 사업의 현재 가치를 파악하기 위해 사용하는 다음의 밸류에이션Valuation 공식을 참고해 만들었으니 말이다.

$$V = \sum_{t=1}^{n} \frac{S^t}{(1+R)^t}$$

이 가치 측정 공식을 단순화시켜 '현재의 가치'를 측정할 수 있도록 단순화해서 표현하면 V=S/R라는 공식이 된다.

이 공식은 현재 당신이 직장인으로서 지닌 총 가치가 얼마인지를 설명해준다. V(Value)가 바로 우리의 총 가치이고, S는 우리가 직장을 통해 받고 있는 모든 금전적 가치를 의미한다. 급여·사내 복지금·상여금·보너스·퇴직연금 등이 여기에 해당하나 그 대표 격인 급여로만 생각해도 무방하다.

R은 우리가 하고 있는 일에 관한 위험 요소, 즉 리스크를 의미한다. 리스크가 분모에 위치하기 때문에 이는 공식에서 '할인율'

로 작용한다. 이 공식에 따르면 직장인으로서 당신의 가치는 '당신이 현재와 미래에 받는 총연봉'에 '당신이 지닌 리스크'를 나눈 값이다. 다시 말해 당신의 가치는 연봉이 많아지고, 리스크가 적을수록 높아진다.

이 공식은 시대의 여러 단면을 '가치'라는 관점에서 해석할 수 있게 해준다. 예를 들어 '왜 연봉이 높은 대기업 입사보다 공무원이 되는 걸 더 선호하는가?'라는 질문도 이 공식으로 해석하면 비교적 간단하게 답을 얻을 수 있다.

혹자는 저 질문에 이렇게 답한다. "요즘 청년들은 대기업에 들어가기가 너무 어려우니 공무원 시험을 준비하는 것이다"라고. 결론부터 말하자면 틀렸다. 요즘 청년들이 공무원을 더 선호하는 이유는 공무원이 가진 가치가 대기업 직원이 가진 가치보다 높아졌기 때문이다.

과거와 달리 대기업의 근속연수는 상당히 짧아졌다. 반면 공무원은 정년이 보장된다. 25세에 공무원이 되었다고 가정할 때 그는 40년간 근로소득을 얻을 수 있다. 반면 대기업 직원의 평균 근속연수는 11.1년이다. 현재 받는 연봉이 더 높다고 해도 리스크 역시 3.8배 이상 큰 셈이다. 따라서 V값이 같아지려면 대기업의 급여가 공무원의 급여보다 최소한 3.8배 이상 높아야 한다.

현실은 어떨까? 단순히 평균 급여만으로 분석하기에는 한계가 있지만, V값의 의미를 이해하기 위해 공무원 선호 현상을 '급여'라는 요소만 놓고 이야기해보겠다. 2018년 통계청과 인사혁신처에서 내놓은 자료에 따르면 대기업의 평균 급여는 7920만 원이고 공무원은 6360만 원이다. 1.24배 정도 높은 것이다. 결국 S(Salary)는 1.2배밖에 차이 나지 않는 것에 비해 R(Risk)은 3.8배 이상 차이가 난다는 결과가 나온다. 이를 공식에 대입해보면 공무원이 지닌 유무형 가치는 대기업 직원의 가치보다 3.16배 더 높은 것을 확인할 수 있다. 결국 공무원 시험을 택하는 것이 대기업에 입사하는 것보다 약 3.16배 높은 가치를 지니기에, 지금 사회에서는 공무원 채용에 더 많은 수요가 몰리는 것이다.

게다가 이 계산은 수많은 리스크 중 단순히 근속연수만을 대입한 결과다. 자신이 몸담고 있는 산업군의 트렌드가 바뀌어 다니고 있는 직장이 망할 수 있다는 것도 직장인이 안고 있는 거대한 리스크다. 여기서도 공무원과 대기업 직원 간의 차이가 드러난다. 공무원의 직장이 망한다는 건 곧 국가가 망한다는 것이다. 한 국가가 망할 확률과 기업이 망할 확률은 비교할 것도 없이 후자가 높다. 결국 이런저런 리스크를 고려해보면 공무원과 대기업의 가치 격차는 점점 더 커질 것이다.

여담이지만 한국이 유독 다른 나라에 비해 경제사범, 즉 사기꾼이 많은 이유도 이 공식으로 설명할 수 있다. '사기'의 리스크는 사기가 들통났을 때 교도소에 수감되어 어떠한 경제 활동도 하지 못하게 되는 것이다. 그런데 한국은 다른 선진국들에 비해 경제사범에 대한 형량이 이상하리만치 낮다. 사기 금액이 아무리 높아도 형량에 징벌적 누진이 적용되지 않기 때문이다. 결국 사기를 쳐서 얻게 되는 이익(S)은 큰 반면 사기가 발각됐을 때 생기는 리스크(R)는 크지 않은 것이다. 사기에 대한 V값이 다른 나라에 비해 높다고 볼 수 있다.

최근 미국은 메이도프 폰지 사기 사건(나스닥증권거래소 위원장 출신의 펀드매니저 버나드 메이도프가 금융 다단계 방식으로 투자자들을 모집해 650억 달러 규모의 사기 피해를 발생시킨 사건)의 주범인 버나드 메이도프Bernard Madoff에게 징역 150년을 선고했다. 만약 그가 한국에서 사기를 쳤다면 최대 형량은 고작 13년에 지나지 않았을 것이다. 한국의 법에서는 사기 금액이 300억 이상일 때 기본 6~10년, 최대 가중치 8~13년을 형량으로 잡고 있기 때문이다. 심지어 이는 최대치이기 때문에 더 낮아질 수도 있다. 실제로 수백억 원을 횡령하고도 집행유예를 받고 풀려나는 범죄자들을 우리는 너무나 많이 봐오지 않았던가?

이 할인율의 차이가 여타의 선진국과 한국 간에 '사기의 가치 격차'를 만들었고, 그것이 재범률 40%의 '사기 공화국' 대한민국을 만든 것이다. 이처럼 'V=S/R' 공식은 가치를 두고 벌어지는 여러 분야의 다양한 현상들을 설명해준다. 이제 이 공식을 이용해 직장을 다니는 당신이 어떻게 C레벨에 도달할 수 있는지, 즉 당신의 가치를 어떻게 높일 수 있는지를 알아보자.

C는 할인율을 초월한다

대부분의 직장인은 이 공식 중에서 유독 현재와 미래의 이익인 'S'에만 관심을 쏟는다. 현재 자신이 얼마의 급여를 받고, 또 단기간에 얼마의 상여금을 받을 수 있는지 등에만 초점을 맞추고 있는 것이다. 그러나 여기서 문제가 발생한다.

생각해보면 애초에 S를 높이는 일에는 개인이 관여할 수 있는 여지가 거의 없다. 물론 대다수의 직장인들이 매년 연봉 협상이라는 걸 하긴 하지만 실질적으로 이는 통보에 가까울 때가 많다. 그래서 거의 대부분의 경우 연봉 인상률은 10%를 넘지 못한다.

이직을 통해 연봉을 높이는 방법도 있지만 이 방법 역시 특출난 재능이 있어서 스카우트된 경우를 제외하면 연봉을 20% 이상 올리기도 쉽지 않다. 결국 한 직장 안에서의 S는 개인이 관여하기 힘들며, 직장을 옮기더라도 S를 크게 높이기 어렵고 시간도 오래 걸린다. 연봉 3000만 원이 5000만 원이 되는 데 몇 년 이상이 걸리고, 5000만 원이 8000만 원이 되는 것이 불가능에 가까운 이유다.

이 공식 안에서 당신이 진짜 주목해야 하는 것은 'R', 즉 할인율이다.

현재 당신의 리스크가 1.5라고 가정해보자. 리스크가 1.5라는 뜻은 당신의 할인율이 1.5라는 의미이며, 리스크를 반영하면 당신의 가치는 회사로부터 받는 연봉 합계보다도 낮아진다는 뜻이다. 만약 당신이 리스크를 훌륭하게 관리해 할인율을 낮춘다고 생각해보자. 할인율이 0.5가 되었을 때 당신의 가치는 2배가 되고, 할인율이 0.1이 되면 당신의 가치는 10배가 된다. 나아가 할인율이 0.01이 되면 당신의 가치는 무려 100배가 된다. 즉, 리스크가 0에 수렴할수록 당신의 가치는 무한히 높아질 수 있다는 이야기다.

리스크를 0에 수렴시키는 일은 충분히 가능하다. 당신이 자력으로도 해낼 수 있다. 여기에 바로 C레벨의 비밀이 숨어 있다. 진정한 C레벨들은 R, 즉 할인율을 0에 가깝도록 만든 사람들을 의미하기 때문이다.

할인율이 낮아진다는 건 달리 말해 리스크를 초월한다는 의미다.

C레벨은 모든 리스크로부터 자유로운 존재들이다.

먼저 그들은 '회사가 망하는 리스크'를 초월했다. 다니던 회사가 망해도 C레벨은 망하지 않는다. 다른 곳에서 스카우트 제의가 들어오기 때문에 얼마든지 회사를 옮길 수 있다. 심지어 실적이 좋지 않은 기업의 C레벨들도 그 경험을 바탕으로 오히려 더 좋은 조건을 제안받고 다른 경쟁 기업으로 옮기는 일도 일어난다.

실제로 국내 모 항공사의 기업 리스크 관리를 담당했던 한 임원은 그의 주도로 회사가 구조조정을 진행하는 시기에 많은 기업의 러브콜을 받기도 했다. 구조조정이란 위기는 본인에게도 적용되는 위기였지만, 오히려 그 과정에서 보여준 본인의 리스크 관리 역량이 더 빛을 발한 것이다. 회사의 본질적 리스크를 초월해 오히려 개인은 더 높은 가치를 획득하게 된 사례다.

진정한 C레벨은 '시장'도 초월한다. C레벨은 완전히 다른 산업으로도 이동할 수 있다는 뜻이다. 월트디즈니의 CSO 출신인 케빈 메이어Kevin Mayer가 틱톡이라는 SNS 플랫폼 기업의 CEO를 거쳐, 게임 회사인 '넥슨'의 사외이사로 옮겨간 것(2021년 3월)이 좋은 예다. C의 유전자를 갖추고 나면 기존에 어떤 산업에서 일했든 상관없이 다른 산업으로 진출하는 일도 가능하다. 따라서 C레벨은 자신이 속해 있는 산업이 호황이든 불황이든, 크게 영향을 받지 않고 오히려 그 상황 자체를 활용한다. 산업의 리스크에서도 어느 정도 자유롭다는 것이다. 특히 트렌드를 선도해야 하는 CMO는 더욱 그렇다. 《하버드비즈니스리뷰》는 〈The Trouble with CMOs〉라는 기사를 통해 C레벨 임원 중 CMO의 이직률이 가장 높다는 조사 결과를 발표했는데, C레벨 임원들의 평균 근속 연수가 8년인 데 비해 CMO는 불과 평균 4.1년 만에 이직을 하며 유관 산업뿐 아니라 다른 산업으로도 활발하게 진출하는 것으로 나타났다.

C레벨은 '국가'도 초월한다. 우수한 C레벨은 전 세계의 구애를 받는다. 극단적으로 C레벨은 한 국가가 망해도 살아남을 수 있다. 최근 맥도널드 한국 지사는 국내 실적 악화를 이유로 CEO를 교체했고 신임 CEO는 호주 출신이었다.

국경을 초월한 이직 사례는 기술 언어로 소통하는 CTO Chief Technology Officer와 글로벌 마케팅을 펼치는 패션·뷰티 업계의 C레벨에게는 매우 빈번한 일이다.

C레벨은 '직무'도 초월한다. 2011년에 창업해 신선식품 정기배달 서비스를 하던 '덤앤더머스'라는 스타트업의 CFO 이진철 이사는 2015년 '배달의민족' 플랫폼을 운영하는 '우아한형제들'에 회사가 매각되자, 우아한형제들의 자회사로 편입된 '우아한신선들(배민프레시)'의 CFO가 되어 관련된 여러 회사를 인수하는 업무를 수행했다. 그 과정에서 회사의 사업 간 이해관계를 조정하고 경영 전략에 대해 깊게 고민했으며, 이때의 경험을 살려 지금은 세탁물 정기배송 서비스를 하는 스타트업 '의식주컴퍼니(런드리고)'에서 CFO가 아닌 CSO(최고전략책임자)로 변모해 전략을 책임지고 있다.

이렇듯 하나의 직무에서 C레벨에 도달하면 다양한 직무를 수행할 수 있는 능력과 자격을 인정받게 된다. '모든 도는 하나로 통한다'는 말이 C레벨의 세계에서 그대로 적용되는 것이다. 위의 사례처럼 CFO가 CSO가 되기도 하고, COO가 CMO로 변모하기도 한다. 진정한 C레벨이 되는 순간 직무마저도 자유로이 선택할 수 있는 것이다.

이처럼 진정한 C레벨이란 할인율의 초월로 만들어진다. C레벨이 연봉과 스톡옵션 등을 포함해 수십 억 원의 보수를 받는 것은 그들이 리스크를 초월한 것에 대해 주어지는 당연한 보상이

직장인과 C레벨 연봉의 비교

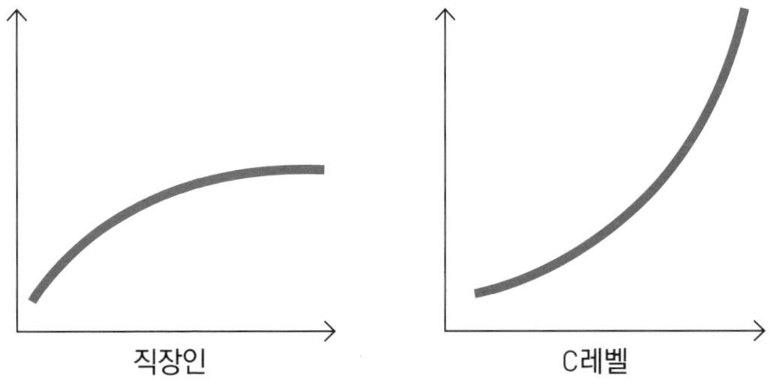

다. 연봉 5000만 원이 7000만 원이 되는 것은 어렵고 시간도 많이 걸리지만, 연봉 5억 원이 7억 원으로 상승하는 것은 순식간에 벌어질 수 있는 것도 바로 이러한 이유에서다.

직장인 대부분의 연봉 그래프는 완만한 상승곡선을 그리는 데 반해 C레벨의 연봉 그래프는 J 곡선을 그린다. 어느 순간 연봉이 기하급수로 느는 것이다. 그 기점에는 바로 할인율의 감소라는 트리거가 있다.

결국 C레벨이 되기 위해 필요한 핵심 요소는 이 두 가지 질문으로 정리할 수 있다.

'나에게 무엇을 리스크로 정의할 것인가?'

'그 리스크를 어떠한 방식으로 초월할 것인가?'

우리는 여러 컨설팅 업무를 수행하며 현업에서 수많은 C레벨을 만났다. 각기 다른 분야에 종사하는 C레벨들이었지만 그들에겐 공통점이 있었다. 그들은 공통적으로 몇 가지를 리스크로 규정하였고, 역시 동일한 어떤 노력을 통해 해당 리스크를 극복했다. 이로써 그들로부터 어떤 공통된 형질과 특징들을 도출할 수 있었고, 이를 책의 제목인 'C의 유전자'라고 이름 지었다.

물론 만나봤던 C레벨 중 누군가에게는 이런 것들로는 도저히 설명되지 않는 특성이 엿보이기도 했다. '재능'이라고밖에 표현할 길이 없는 천재성을 가진 C레벨들도 분명 있었다. 누구나 잘 알고 있는 스티브 잡스Steve Jobs나 일론 머스크Elon Musk 같은 인물들 말이다. 이들은 우리가 전하고자 하는 이야기에서는 제외할 생각이다. 단순한 노력이나 공부만으로는 도달할 수 없는 영역도 분명 존재하는 법이니 말이다.

하지만 다행히도 대부분의 C레벨들은 그런 천부적인 재능 덕분이 아니라 자기 내면의 C의 유전자를 발견하고, 이를 더 키워냄으로써 C레벨에 올랐다. 상위 0.1%의 천재들뿐 아니라 노력을 통해 C의 유전자를 키운 이들도 C레벨다운 능력으로 세상의 인정을 받고 있었고, 이와 동시에 직장인이라면 누구나 부러워할 만한 막대한 부를 이루었다.

천부적인 재능이 없더라도, 타고난 '금수저'가 아니더라도 C의 유전자가 무엇인지 인지하고 그 유전자를 개발하는 데 시간과 정성을 쏟으면 누구나 얼마든지 C레벨에 오를 준비가 된다는 뜻이다.

재미난 것은 우리가 발견한 C의 유전자가 종래의 직장인들이 알고 있던 상식과는 다르다는 점이다. C의 유전자는 상사에게 사랑받는 법, 주어진 업무를 능숙하게 처리하는 법, 사내 인간관계를 원만히 유지하는 법, 연봉 협상을 통해 효과적으로 자신의 연봉을 높이는 법과는 전혀 다른 차원의 능력과 방식으로 만들어진다.

C의 유전자란 새로운 시대에 완전히 달라진 지도 위에서 기존의 나침반을 버리고 새로운 나침반을 손에 쥐었을 때 비로소 얻을 수 있는 능력이다. 당신은 지금 새로운 지도를 펼쳤고 그 지도에 걸맞은 새로운 나침반을 얻었다. 내가 건넨 나침반은 하나의 공식이며 그 공식의 핵심은 '할인율(리스크)의 제거'이다. 그리고 할인율을 제거함으로써 연봉은 자연스럽게 상승하고, 당신의 가치도 이에 따라 높아질 수 있다.

바로 지금이다.

더 이상 작동하지 않는 구시대의 나침반을 버리고, 새로운 나침반을 손에 쥔 후 여정을 시작해야 할 때가.

최고의 부를 넘어선
최선의 부가 C에 있다

어느 때보다도 부에 대한 관심이 높아진 요즘이다. 부에 관련된 책이 늘 베스트셀러 자리를 차지하고 있고, 각종 SNS에도 부에 관련된 수많은 콘텐츠가 앞다퉈 올라온다. 부에 대한 이야기는 지금도 폭발적으로 생산되고 있다. 지금 시대의 사람들은 그 어느 때보다도 돈 버는 법에 열중하고 있다. 그러다 보니 자연스럽게 이 질문이 시대를 관통하게 되었다.

"부란 도대체 어디에 모여 있는가?"

"부를 이루기 위해서는 무엇을 해야 하는가?"

이 질문에 대한 해답 중 사람들은 특히 이것에 크게 고개를 끄덕였다. '투자' 혹은 '창업'. 결국은 '자기 일'이었다. 부가 모이는 곳이 직장이라고 말하는 이는 거의 찾아볼 수 없었다. 몇몇 투자자나 사업가들은 심지어 직장인을 굉장히 불쌍한 존재로 바라보기도 했다. 사람마다 그 이유는 각기 다르게 표현했지만 그들의 표현에서 공통점을 하나 발견할 수 있었다.

'회사라는 정해진 시스템 속에서 자신의 시간과 열정을 희생해가며 돈을 버는 사람.'

투자자와 사업가의 눈에는 직장인들이 그렇게 보였나 보다.

물론 우리가 본 것들이 그들 전체의 생각이라고 일반화할 순 없다. 그렇게 말하지 않는 사람도 당연히 있었다. 하지만 많은 투자자와 사업가가 이런 관점으로 직장인을 바라봤다.

어떤 전문 투자자는 한 강연에서 이렇게 말하기도 했다. "내가 하는 말에 욕을 해도 좋다. 하지만 시장은 단 한 번도 월급 받는 직장인을 배려해오지 않았다는 게 사실이다."

그의 말을 듣던 직장인들 대부분이 이 말에 고개를 끄덕였다. 그는 또 이렇게 주장했다. 큰돈을 벌고 원하는 만큼의 부를 얻기 위해서는 투자자가 되라고, 창업가가 되라고 말이다. 틀린 말은 아니지만 어딘가 불편했던 것도 사실이다. 수많은 경제경영서를 읽으며 부의 해답을 찾을 대부분의 독자들은 투자자도, 창업가도 아닌 평범한 직장인일 것이기에.

다행히도 이젠 세상이 변했다. C레벨이라는 유능한 엘리트 집단의 시대가 오고 있다. 직장에 다니면서도, 아니 오히려 직장에 다닌 사람만이 얻을 수 있는 막대한 부의 세상이 열리고 있는 것이다.

직장에서만 피어날 수 있는 부의 탄생

달라진 시대에서 직장인이란 존재는 더 이상 무시와 멸시의 대상이 아니다. 오히려 앞으로의 시대에서는 C레벨이 얻을 수 있는 부가 투자자나 사업가가 얻을 수 있는 부보다 훨씬 뛰어날 수 있다. 단순히 많고 적음을 넘어서 돈을 모으는 방법과 성향까지도 더 질이 높다는 것이다. 우리는 이를 다음과 같이 표현하고 싶다.

"C레벨의 부는 최고의 부가 아니라 최선의 부다."

이 말이 무슨 의미일까? 먼저 투자자의 부를 살펴보자. 투자자의 부는 사회에 큰 기여를 하지 않는다. 물론 투자금이 기업에 들어가 사업 확장으로 이어지고, 또 고용 창출을 일으킨다는 선순환이 발생하기는 하나 자본은 역시 자본의 논리로 움직이기 때문이다. 투자자들에게 세상이 얼마나 윤택해지고 얼마나 많은 사람이 더 나은 혜택을 누리는가는 자본 소득만큼 중요한 관심사는 아니다.

그들의 최대 관심사는 '돈을 벌 수 있는 기회가 오는가, 오지 않는가?'이다. 그래서 위기가 왔을 때 소위 '큰손' 투자자들은 오히려 기뻐한다. 위기를 기회로 삼아 큰돈을 벌 수 있기 때문이다. 경제 성장률이 마이너스가 될수록, 시장과 경제가 공포에 휩싸일수록 돈을 더 버는 금융상품은 또 얼마나 많은가. 이뿐만 아니라 몇몇 공매도 세력들은 시장을 불안에 빠뜨릴 만한 뉴스와 이슈를 일부러 생산해내기도 한다. 그들의 부는 오직 '돈'에 집중되어 있다.

하지만 C레벨의 부는 다르다. C레벨의 부는 곧 '기업의 성장'과 직결되어 있기 때문이다. 그들은 필연적으로 사회에 기여할 수밖에 없다. 당신이 C레벨로서 돈을 계속 번다는 것은 곧 당신이 소속되어 있는 회사가 성장하고 있다는 증거다. 본질적으로 회사는 고객이 느끼는 불편함을 해소함으로써 이윤을 창출한다. 결국 회사가 성장한다는 것은 그 회사의 재화나 서비스를 이용하는 고객들의 불편함이 해소됨을 의미한다. 사회에 편리함을 제공한다는 측면에서 기업은 부를 도모하는 동시에 사회에 긍정적인 영향을 끼친다. 총기 회사나 담배 회사와 같은 특수한 업종을 제외한다면 말이다. 결국 C레벨에게 부를 안겨주는 행위는 사회의 이익과 긴밀히 연결될 수밖에 없다.

흔히 '공익'은 다수에겐 이익이 되지만 자신에겐 이익이 되지 않고, '사익'은 자신에겐 이익이 되지만 다수에겐 이익이 되지 않는다고 여긴다. 그래서 공익과 사익은 공존할 수 없다고들 말한다. 투자자의 부는 이 관점에 들어맞을 때가 많다. 하지만 C레벨의 부는 사익 추구가 곧 공익으로 변환될 수 있다는 점에서 이 통념을 완전히 뒤집는다. C레벨의 부는 공익도, 사익도 동시에 추구할 수 있다. 이처럼 모두를 이롭게 할 수 있다는 점에서 C레벨의 부는 투자자의 부보다 높은 가치를 지닌다.

또한 C레벨의 부는 외롭지 않다. 대부분의 투자자들은 필연적으로 외로움과 사투를 벌인다. 투자는 오직 개인의 판단과 경험으로 혼자 결정하는 것이기 때문이다. 성공도 실패도 오롯이 개인의 몫이다. 자산운용사인 '로얄클럽'의 김종봉 대표도 특히 이 점을 투자자가 극복해야 할 큰 벽 중 하나라고 강조했다. 투자는 결국 매 순간 혼자 치러야 하는 '멘탈 싸움'이라는 것이다. 이처럼 모든 책임을 홀로 지고 모든 결정을 홀로 해야 하기 때문에 투자자의 길은 굉장히 외롭다.

C레벨의 부는 다른 C레벨과 엮여 있을 수밖에 없다. C레벨은 기업 운용의 한 부분을 최종적으로 책임지는 사람이며, 기업 운용은 수많은 부분으로 세분화되어 있기 때문에 결과적으로 C레

벨은 집단을 이룰 수밖에 없다. 여럿의 C레벨이 기업의 성장과 이윤 창출이라는 하나의 목표를 공유하기 때문에 이들은 서로 긴밀히 연결되어 있다. 가령 최고전략책임자인 CSO가 기업 전략을 수립했다면 해당 전략을 극대화시키기 위해 최고마케팅책임자인 CMO는 마케팅 전략을 세분화해야 한다. 때에 따라서는 최고인사책임자인 CHO Chief Human resource Officer가 해당 전략을 효과적으로 운영하기 위한 새로운 인재를 찾아 영입해야 할지도 모른다. 전략 실행을 위한 자금 확보가 필요하다면 최고재무책임자인 CFO의 도움도 필요하다.

공동의 목적을 위해 모두가 자신이 가진 최선의 능력을 다해 의사결정에 참여하기 때문에 이들은 서로에게 자극이 되고 배움이 된다. 이들이 형성하는 네트워크가 끈끈한 이유이기도 하다.

투자자와 창업가, C레벨이 얻는 부

	손실 위험이 큰가?	외로운가?	공익을 추구하는가?
창업가	○	×	×
투자자	○	○	×
C레벨	×	×	○

이런 측면에서 C레벨의 부는 외롭지 않다.

창업가의 부와 비교하면 어떨까? 창업은 분명 막대한 부를 창출할 수 있는 효과적인 수단이다. 하지만 모든 이익에는 반작용이 따른다. 창업이 만드는 부의 가장 큰 리스크는 '실패의 가능성'이다. 그리고 이 실패의 가능성은 생각보다 굉장히 높다.

미국 인구 조사국과 MIT가 공동으로 분석한 조사에 따르면, 2007년부터 2015년 사이 미국에서 창업한 모든 기업 중 투자 원금을 회수하는 데 성공한 기업은 0.2% 내외였다고 한다. 이 중 99.8%는 수익은커녕 투자 원금조차 거두지 못한 채 손실만 봤다는 것이다. 우리나라의 실정도 크게 다르지는 않다. 창업진흥원의 한 관계자의 말에 따르면, 신생 기업 기준으로 우리나라의 창업 성공률은 1% 내외다.

반면 C레벨의 부는 리스크가 매우 적다. C레벨은 직장에 다니면서 성장해간다는 특징을 지니고 있기 때문이다. 직장에 다닌다는 것은 곧 안정적인 급여가 보장된다는 것을 의미한다. 즉, C레벨이 된다는 것은 큰 리스크 없이 안정된 수익을 보장받으면서 부를 기하급수적으로 늘리는 기회를 추구하는 것이다.

투자·창업과 비교했을 때 C레벨은 상대적으로 낮은 리스크로 높은 성과를 기대할 수 있다. 이 점이 창업이나 투자와 비교했을 때 C레벨이 자랑할 수 있는 최고의 장점이다. 부에 대해 말할 때

진리처럼 받아들여지는 '하이 리스크, 하이 리턴'이라는 명제가 C레벨의 세계에서는 완전히 뒤집히기 때문이다.

대부분의 사람이 부를 원한다. 조금 더 호화로운 집에 살길 바라고, 고급 차를 타길 원하며, 맛있는 음식을 원하는 때에 사 먹을 수 있는 여유를 원한다. 그리고 동시에 거기까지 이르는 과정이 안정적이길 원한다. 큰 리스크를 감수하지 않고도 그런 부를 가질 수 있다면, 이것이야말로 사람들이 원하는 가장 이상적인 길이 아닐까?

바로 C레벨에게 주어진 길이다.

C레벨이 되면 당신이 원하는 그 이상적인 길을 걸을 수 있다고 지금의 시대가 말한다. 직장인에게 이처럼 축복과 같은 혜택을 주는 시대는 지금까지 없었다. 지금에서야 우리 눈앞에 펼쳐진 것이다.

C로 도약하거나,
수동형 오퍼레이터로 남거나

우리 모두는 인생이라는 길을 각자의 방식으로 걸어간다. 그 길의 종류는 다를지언정 길을 걷는 우리 모두는 이 길 끝에 무언가가 있기를 기대한다. 묵묵히 걸어온 자신의 노력을 무언가가 증명해주길 바란다. 내가 걸어온 이 길이, 걸어오기까지 걸린 시간이 헛되지 않았다는 증명 말이다. 나아가 이제껏 걸을 만한 가치가 있는 길이었다는 것이 증명된다면 더할 나위 없을 것이다.

그런데 길 끝에 도달하고 보니 아무것도 존재하지 않는다면, 혹은 길이 더 이상 이어지지 않고 굳센 벽만 있었다는 결말로 끝난다면 그 허무함은 이루 말할 수 없을 것이다. 자신이 선택한 길이 완전히 잘못된 것이었다는 상실감, 지금껏 투자한 시간이 아무런 가치가 없었다는 허망함을 느끼지 않으려고 우리는 끝 모를 길을 더 치열하게 걸어간다. 그 끝에 반드시 무언가가 있기를 간절히 바라면서. 아니, 있어야만 한다고 애원하면서.

직장인들이 가장 애정을 쏟고, 그래서 가장 큰 가치가 있어야만 하는 길 중 하나가 '회사'다. 우리는 회사라는 길의 끝에 반드시 무언가가 있기를 원한다. 직장 생활 끝에 원하지 않는 은퇴를 맞이하는 사람들이 상실감과 허망함을 느끼는 이유는 단순히 돈벌이 수단이 없어져서가 아니다. 자기 삶에 대한 허무함이 밀려와서다. 명예퇴직이라는 이름으로 몇 년 치 연봉에 해당하는 금액을 미리 받는다고 해도 이 허망함은 쉬이 사라지지 않는다. 명예퇴직에는 자신의 삶이 헛되지 않았다는 것을 증명해줄 '명예'가 없기 때문이다.

거듭 말하지만 시대가 변했다. C레벨의 시대가 찾아왔고 그들을 위한 새로운 길이 열려 있다. 본질적으로 그 길의 끝은 자신이 맡고 있는 직무에서 당신이 도달할 수 있는 가장 높은 지점이다. 그리고 그곳에는 그간 평범한 직장인의 목적지였던 중간관리자의 것과는 비교가 안 될 정도의 부와 명예가 존재한다. C레벨의 길 끝에 허무한 결말이란 존재하지 않는다. C의 유전자를 개발해 최고의 위치까지 올라갈 수 있다면 그 길의 끝엔 보장된

가치가 당신을 기다리고 있을 것이다.

길을 걸어간다는 것은 곧 그 길을 위해 시간을 쓴다는 것이기도 하다. 아무리 번듯한 길을 만나도, 그 길을 걷는 좋은 방법을 알아도 시간을 쓰지 않고서는 한 걸음도 앞으로 나아갈 수 없다.

당신에게 최고의 자산은 시간이다. 당신의 시간은 누구도 가져갈 수 없고, 시간에 대한 모든 결정권은 당신에게 있다.

당신의 그 소중한 자산이 C의 유전자를 개발하고 그 길을 걷는 데 온전히 쓰이길 바란다.

매일 아침 화장실에 몰래 앉아 주식 시세 창을 바라보는 것은, 술자리에서 친구들이 말하는 이름 모를 투자 상품에 마음이 흔들리는 것은 당신의 마음만 어지럽히는 데서 끝나지 않는다. 그 순간순간이 당신이 가진 최고의 자산, 시간을 갉아먹는다. 이제부터는 그 자산을 온전히 C레벨의 길을 걷는 데 투자해보길 바란다. 그 길은 새로운 길이고, 분명 가치가 있는 길이니까 말이다.

C는 '나의 일'을 하는 자리다

우리 모두는 자신의 삶을 주도적으로 살아가길 원한다. 속된 말로 '자기 팔을 스스로 흔들며 살아가길' 바라는 것이다.

하지만 직장인들은 직장에서의 삶이 주도적이지 않다고 생각하며 살아간다. 정해진 일을 해야 하니까, 시키는 일을 해야 하니까, 모나면 안 되니까, 좋은 게 좋은 거니까, 그렇게 맞춰가며 살아야 하니까… 이런저런 이유로 주도성을 잃은 채 한 회사 안에서, 한 조직 안에서 매몰되어 살아간다고 느낀다. 삶의 주도성을 원하면서도 현실적으로는 그럴 수 없다고 스스로 합리화하면서 모든 기회를 놓아버리고 마는 것이다.

지금부터는 그렇게 하지 않아도 된다.

아니, 그렇게 하지 않아야 한다.

기존에는 정답처럼 보였던 시류에 생각 없이 몸을 맡기는 것은 스스로 오퍼레이터의 삶을 선택하겠다는 것과 다르지 않으니까.

오직 주도적인 사람만이 C의 유전자를 개발해 C레벨이 될 수 있으니 말이다.

한 업무 분야에서 최종적인 책임을 진다는 것은 곧 최종 책임자에게 그 일에 대한 주도성이 있다는 말과 같다. C레벨에게 자신의 직무란 남의 눈치를 봐야 하는 일도 아니고 남이 시켜서 해야 하는 일은 더더욱 아니다. 어떤 기업에 몸담고 있든 C레벨에게 직무란 더 이상 남의 일이 아닌 '자신의 일'이다. 수많은 C레벨을 만났지만 주도성 없이 일하는 C레벨은 단 한 명도 없었다.

좀 더 정확히 말하면, 주도성을 보이지 못한 C레벨은 직함만 그러할 뿐 우리가 일컫는 진정한 C레벨은 아니었다. 주도성 없는 C레벨에게 기업은 권한도, 책임도, 그리고 가치도 부여하지 않는다. C레벨에게 일이란 진짜 '자기 일'인 동시에 '자기를 위한 일'인 것이다. 모든 사람이 갈망하는 주도적인 삶이 C레벨에게는 필연적으로 존재한다.

'코어 어빌리티Core ability'란 다양한 일로 확장될 수 있는 핵심적인 능력을 의미한다. 가령 글을 쓰는 작가의 일, 강연을 하는 강사의 일, 콘텐츠 기획이나 마케팅 전략을 도와주는 컨설턴트의 일을 하는 사람이 있다고 하자. 언뜻 보면 세 가지 모두 각기 다른 일인 것 같지만 이 일을 모두 가능하게 해주는 코어 어빌리티는 '기획력'이다. 기획한 것을 글로 풀면 작가가 되고 말로 풀면 강사가 되며 논리와 구조로 풀면 컨설팅이 된다.

이처럼 하나의 코어 어빌리티는 다양한 일로 확장될 수 있고, 같은 일이라도 어떤 코어 어빌리티를 갖고 하느냐에 따라 일을 하는 방식이나 성향이 달라질 수도 있다.

코어 어빌리티를 가졌다는 것은 곧 자신의 삶에도 확장성이 있다는 뜻이다. 확장성이 주는 특혜는 원하는 것이 있다면 '무엇이든 언제든 할 수 있는 자격과 권리'다. C레벨이 가진 C의 유전자는 그 자체로 하나의 코어 어빌리티다. C레벨에 도달하는 것만으로도 삶에서 할 수 있는 것들이 수없이 새로 생겨난다. C레벨 출신의 교수가 많은 이유도, 벤처캐피털리스트(VC) 같은 투자자나 경영 컨설턴트가 다수 존재하는 이유도 여기에 있다. 선택지가 많아지면 삶도 더욱 풍성해진다. 이는 곧 자신감이라는 무기가 되고 그 무기는 새로운 부를 만드는 중요한 재료가 된다. 이 역시 당신이 C레벨의 길을 걸어야 하는 또 다른 이유일 것이다.

당신의 삶은 결코 틀리지 않았다

우리는 모두 자신의 삶이 보다 높은 차원으로 이동하길 기대한다. 미국의 심리학자 에이브러햄 매슬로Abraham Maslow는 욕구 5단계설을 통해 인간의 삶을 설명했다. 생리적 욕구, 안전의 욕구, 사회적 욕구, 존경의 욕구, 자아실현의 욕구가 그것이다.

의식주를 해결한 인간은 좀 더 안전한 환경을 구축하길 원하고, 안전한 환경을 구축한 인간은 단체에 소속되어 사랑받길 원한다. 나아가 사람들의 존경을 받고 궁극적으로는 자신의 삶을 의미 있는 무언가로에 완성해나가고 싶어 한다.

C레벨의 길에는 매슬로가 말한 다섯 가지 욕구가 모두 포함돼 있다. 경제적 안정감을 통해 안전의 욕구를 충족시킬 뿐 아니라 일을 함께해나감으로써 얻는 관계의 힘은 사회적 욕구까지 충족

시킨다. 자신의 역할을 훌륭히 성취해나가며 얻는 주변의 좋은 평가는 존중의 욕구와 맞닿아 있다. 그리고 한 직무에서 정점을 찍은 사람은 그 직무에 대한 자신만의 가치를 정립할 수 있다. 결국 C레벨의 길은 자아실현을 위한 단초를 만들어가는 과정인 셈이다.

부를 쌓는 다양한 방법 중 부를 쌓아가는 동시에 삶의 고차원적인 이동까지 가능한 방법은 많지 않다. C레벨의 부는 그저 막대한 돈을 얻었기에 가치가 있는 것이 아니라, 부를 얻기까지의 모든 과정까지도 하나하나 의미가 있기 때문에 가치가 있는 것이다.

이것이 바로 당신이 C레벨의 길을 걷길 바라는 이유이자 C의 유전자를 얻길 바라는 이유다.

냉정하게 말해 지금 당신이 하고 있는 일은 어쩌면 당신이 원해서 시작한 일이 아닐지도 모른다. 그저 빨리 돈을 벌기 위해 시작한 일일지도 모르고, 조금 더 나은 직장에서 일하기 위해 원하는 직무를 포기했을지도 모른다. 하지만 비록 그렇게 시작한 길이라 할지라도 그 길이 당장이라도 포기해야 하는 길이라거나, 하루 빨리 방향을 바꿔야 하는 길은 결코 아니다. 시작점은 중요치 않다. 중요한 것은 '시작한 것을 어떻게 마무리 지을 것인가', '그 과정에서 무엇을 얻어갈 것인가'에 대한 고민이 아닐까?

그런 의미에서 당신이 선택한 지금의 삶은 결코 틀리지 않았다.

당신만의 정답으로 도달하는 방법은 반드시 존재한다.

그 방법에 대한 확신이 있었기에 이 책이 세상에 나올 수 있었다.

지금까지 C레벨의 개념과 이 새로운 유능한 엘리트 계층이 탄생한 시대적 배경에 관해 설명했다. 이 이야기는 '시대가 변했다'는 전제에서 출발했다. 분명 변한 이 시대가 모두에게 꽃길만은 아닐 것이다. 오히려 직장인으로서 허망함을 느끼는 이들이 전보다 더 많아질지도 모른다. 오퍼레이터로 출발해도 오랫동안 근속하면 누구나 밟을 수 있었던 사다리가 사라지는 잔인한 상황이니 말이다.

하지만 변한 이 시대는 다행히 비교적 공정한 기회를 제공한다. 어떤 집안에서 태어났든, 부모가 누구든, 환경이 어떻든 C의 유전자를 개발한 사람이라면 시대는 기꺼이 그를 받아들일 준비가 되어 있다.

C레벨이 되는 시기에 대해서도 역시 정해진 것은 아무것도 없다. 신입사원이라고 해서 먼 훗날의 이야기인 건 아니며, 차장, 부장, 더 나아가 직장 생활의 황혼기에 있는 사람이라 해도 결코 늦은 것이 아니다. 전자라면 이제부터 새롭게 길을 정해 움직여야 하고, 후자라면 지금까지 걸어온 길에서 얻은 경험과 역량을 살려 고스란히 새로운 방향으로 옮기면 되는 것이다.

C레벨의 시대는 이미 도래하기 시작했다. 누구에게나 기회는 열려 있다. 각자의 자리와 위치에 맞게 해야 할 일을 새로이 조율하고, 호기롭게 도전할 용기만 있다면 말이다.

지금부터는 C레벨에 대해 더욱 상세한 이야기를 다룰 예정이다. C레벨이 정확히 어떤 의미인지, 기업이 왜 C레벨의 영입과 확장에 목숨을 걸기 시작했는지, C레벨이 폭발적으로 증가한 이유는 무엇이며 앞으로 우리가 차지할 자리는 얼마나 늘어날 것인지부터 설명할 것이다.

배경을 탐구한 후에는 C레벨이 가질 수 있는 부가 정확히 얼마만큼의 크기인지를 설명하고, 'V=S/R' 공식을 조금 더 자세히 분석할 것이다.

마지막으로는 C의 유전자를 구성하는 요소가 무엇인지, 그 요소를 통해 어떻게 자신의 할인율을 낮출 수 있는지를 다양한 지표와 상세한 예를 토대로 설명할 예정이다.

궁극적으로 이 모든 이야기가 가리키는 질문은 이것이다.

'진정한 C레벨로 진화하려면 어떻게 해야 하는가?'

직장 생활이라는 긴 여정을 시작한 당신에게 이 책이야말로 당신이 원하는 목적지에 확실하게 도달하게 도와주는 좋은 길라잡이가 될 것임을 확신한다.

이제 그 여정을 시작해보자.

PART 2
제언

C가
곧 기업이다

우리는 무엇을 해야 하는가?

진급이 아닌 진화를 시작해야 한다.

C가 된다는 것은 변화가 아니라 진화다

PART 1을 통해 지금의 기업 구조가 의사결정권자인 C레벨과 수행자인 오퍼레이터로 이원화되고 있음을 개괄적으로 전했다. 또한 이 책에서 중점적으로 다룰 C레벨이란 'C의 유전자를 통해 자기 노동이 가진 가치를 부로 치환하는 존재이자, 능력주의 시대가 만든 유능한 엘리트 집단'임을 전달했다. 이들은 스스로 리스크를 초월해 자신의 가치를 극한으로 끌어올린 존재들이다.

C레벨이 되기 위해 노력하다 보면 또 다른 선물이 주어진다. C레벨이 되고자 노력하는 사람은 당장 눈앞에 있는 작은 업무에서도 성과 지향적인 의사결정을 하게 된다. 그 결과 개인의 성과

는 자연스럽게 회사의 목표와 일치하게 되는데, 이를 '목표 일치성Goal Congruence'이라고 한다. 이것은 새로운 C 집단과 종래의 조직원들을 구분할 수 있는 중요한 기준 중 하나다. 목표 일치성은 기존의 직무 구조에서 개인에게 발생할 수 있는 많은 문제점을 해결해준다. 그래서 관리회계에서는 목표 일치성이 개인의 목표와 조직의 목표를 조화롭게 하는, 성과 평가의 핵심이라고 본다. C레벨이 되기 위해 노력하다 보면 이 목표 일치성이라는 핵심 역량을 자연스럽게 습득할 수 있다.

이러한 C레벨에게는 일반 직장인의 연봉과는 비교할 수 없는 막대한 부가 주어진다. 또한 부를 넘어 자신의 삶에 특별한 가치를 부여할 기회까지 얻는다. 당신이 직장에 다니면서도 직장인 이상의 무언가가 되고 싶다면, 회사 아래에 종속된 직원이 아닌 '회사 위에 존재하는' 사람이 되고 싶다면 C레벨은 아주 적합한 목적지일 것이다.

이번 장에서는 C레벨이 가지는 의미에 대해 더 자세히 다룰 예정이다. C의 유전자를 갖춰 C레벨이 되길 꿈꾸는 당신이, 진정한 C레벨의 세계에 이론적으로 한 발짝 더 가까이 다가서길 기대한다.

C레벨의 C는 'chief'의 머리글자다. 'chief'는 추장, 족장, (단체의) 최고의사결정권자를 뜻하는데 이 단어의 어원은 프랑스

어 'chief'다. 주방 내 요리사 중 최고위자를 뜻하는 '셰프chef'라는 말 역시 이 단어에서 온 말이다. 이 프랑스어 'chief'는 라틴어 'caput'에서 유래했는데, 'caput'은 지도자leader, 안내자guide라는 뜻이다. 동시에 해부학 등에서는 학술 용어로 많이 쓰이는데 이때는 '머리head'를 뜻한다. 흔히들 관용어처럼 "우리 회사의 헤드는 홍길동이다"라고 표현하는 걸 보면 결국 C레벨의 첫 단어 'chief'는 그 뿌리에 담긴 뜻을 정확히 관통한다고 말할 수 있다.

단어의 의미에서도 알 수 있듯이 C레벨은 조직의 머리이자 지도자이며 안내자 역할을 수행해야 한다. C레벨이란 '기업'이라는 부족에서 모든 것을 총괄하고 이끌며 의사결정하는 부족장과 같은 존재인 것이다.

아마존 유역이나 아프리카에는 여전히 문명 세계를 거부하고 살아가는 부족이 있다. 그들을 다룬 다큐멘터리를 보면 부족장에게 촬영을 해도 되는지 허락을 구하는 장면과 부족장의 인터뷰 장면이 꼭 나온다. 어떤 부족이든 부족장들에게는 한 가지 공통점이 있는데 그것은 바로 '부족 내 최고령자'라는 것이다.

나이가 많으면 상대적으로 힘이나 민첩성은 떨어지기 마련이다. 하지만 험한 자연환경에서 오랜 세월 살아오며 축적된 '경험'이라는 역량은 곧 부족의 생존과도 직결되는 데이터베이스이므로 고령의 부족장은 부족 전체에 꼭 필요한 존재다. 그러한 경험을 활용해 가장 나이 많은 장로들이 부족을 위한 의견을 내고, 부족장은 최종의사결정을 한다. 사냥꾼, 요리사, 아이를 돌보는 사람 등 각각의 업무를 수행하는 부족원들은 부족장의 경험과 판단력을 존중하고 신뢰하기 때문에 부족은 순탄하게 유지될 수 있다.

기업 또한 하나의 부족이라 볼 수 있다. 기업은 제조 담당자·영업 담당자·마케터·재무 담당자·디자이너·연구원·개발자 등 부서마다 각자 맡은 업무를 수행하는 사람들로 구성돼 있고, 이들은 한 가지 목적을 달성하기 위해 협업한다.

회사를 통합 부족으로 보고 직무 하나하나를 거기에 소속된 작은 부족으로 생각하면 개별 직무를 맡은 직원들은 부족원이 되고 부족원의 운명을 결정하는 소부족의 족장은 바로 해당 직무의 'chief', 즉 C레벨이 되는 것이다.

부족과 기업

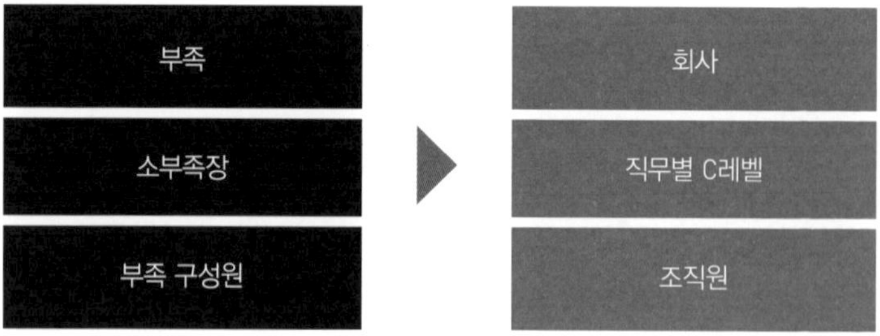

수행자를 넘어 경영자의 자리로

애플에서 스티브 잡스와 팀 쿡Tim Cook을 제외하고 또 다른 전설적인 C레벨을 논할 때 빠지지 않고 거론되는 인물이 애플의 CDOChief Design Officer 조너선 아이브Jonathan Ive다.

"돈을 벌기 위해서가 아니라 훌륭한 제품을 만들기 위해서"라는 잡스의 미니멀리즘 디자인 철학은 모두 아이브를 통해 구체화됐다. 그 결과 아이팟·아이패드·아이폰 같은 세계적인 제품들이 그의 손에 의해 탄생할 수 있었다. 아이브는 이런 막대한 성과를 등에 업고 초고속 승진을 했으며 동시에 애플의 살아 있는 역사가 됐다.

CDO의 자리에 올랐을 때 조너선 아이브는 전 세계 디자이너 중 단연 최고 수준이라 할 수 있는 3000만 달러, 우리나라 돈으로 약 357억 원에 달하는 연봉을 거머쥐었고 2500만 달러 상당의 주식을 추가로 받기도 했다. 이는 CEO인 팀 쿡보다도 몇 배 높은 수준이었다.

'애플은 디자인이 제품을 견인한다'라는 평을 받을 만큼 스티브 잡스는 디자인을 경영의 핵심에 두었다. 기업의 미션을 달성하는 데 디자인은 매우 중요한 요소였고 따라서 애플이라는 기업 전체를 위해서라도 디자이너가 C레벨의 자리에 오르는 건 당연한 결과였다.

25세의 아이브가 1992년 애플의 디자이너로 입사했을 때만 해도 그는 평범한 디자이너 중 한 명이었다. 하지만 그는 최고경영책임자인 CEO가 수립한 회사의 비전과 미션을 정확히 이해했고 그것을 수행함으로써 C의 유전자를 개발해나갔다. 즉, 아이브는 애플과 목표 일치성을 이룬 것이다. 그는 2013년에 애플의 산업디자인 부문 수석 부사장이 되었고 그 이후 애플의 모든 디자인을 총괄하는 디자인 총괄 수석 부사장이 되었다.

하지만 이때까지도 그는 C의 유전자를 갖춘 임원 중 하나였을 뿐, 공식적인 C레벨은 아니었다. 그리고 마침내 2015년이 되어서야 애플의 CDO가 됐다.

즉, 아이브는 애플에서 디자이너로 활동하면서 디자인 전반에 관한 의사결정과 함께 애플의 전체적인 경영 의사결정을 함께하는 부족장 중 하나가 된 것이다.

조너선 아이브의 사례를 통해 매우 중요한 이야기를 전하려 한다. C가 된다는 것에는 또 하나의 의미가 담겨 있다. C로 진화해 'C레벨'이란 위치에 올라서는 순간, 자신이 해야 하는 일의 성질이 바뀐다는 것이다.

앞서 말한 바와 같이 C레벨은 기업이라는 부족을 통솔하는 부족장이다. 부족을 통솔한다는 것은 기업의 언어로 말하면 '경영'

을 한다는 것과 같다. C레벨은 더 이상 직무 수행에 중점을 두는 위치가 아니다. 세세한 직무보다는 부족원들의 직무가 성공적으로 운영될 수 있도록 대내외적인 모든 것을 조율하고 결정하는 '경영'에 중점을 두어야 한다.

따라서 C레벨이 된다는 건 단순한 승진과는 의미가 다르다.

C레벨이 된다는 것은 위치가 '수행자'에서 공식적인 '경영자'로 바뀌는 것을 의미하기 때문이다.

오퍼레이터에서 디렉터로 '진화'하는 것이다.

C레벨로의 진입이 진급이 아니라 진화라고 말했던 이유가 바로 이것이다.

C레벨이 되는 순간 당신에게는 경영자로서의 새로운 능력이 필요하다.

문제는 이 새로운 능력이라는 게 C레벨이 되었다고 해서 저절로 생겨나지 않는다는 것이다. C레벨이 되기 전부터 꾸준히 새로운 능력과 사고를 쌓아, 진정한 C로 진화할 수 있도록 훈련해야 한다. 이는 3장에서 자세히 설명하겠다. 우선 여기서는 C레벨이란 곧 경영자임을 자각하도록 하자. 누구나 처음부터 경영자로서의 면모를 타고나는 것은 아니므로, C가 되는 것은 점진적 진화임을 기억하고 'C의 유전자'를 갖춰나가야 한다.

진급과 진화

진급	대리 · 차장 · 부장이 되는 것과 같은 변화로, 직무의 수행 범위와 직무의 권한이 달라지는 것
진화	직무 수행자에서 경영자로 일의 성질 자체가 완전히 달라지는 것

이미 다가온 C의 세계

다음은 경영자인 C레벨의 역할과 책임에 대한 구체적인 설명이다. 아래에 나열된 C들은 이미 상식적으로 잘 알려져 있을 만큼 우리나라를 비롯한 조직화된 전 세계 기업 대부분에 존재하므로 반드시 기억해두어야 한다.

• CEO(Chief Executive Officer) | 최고경영책임자

회사에서 가장 높은 의사결정권자다. CEO는 모든 비즈니스의 운영과 결정을 감독하며 조직의 성공과 실패를 책임진다. 또한 다른 C레벨들의 성과가 모두 CEO에게 보고된다. 창업자나 공동창업자가 초기 CEO를 맡는 경우가 대부분이지만 기업이 성장하면 뛰어난 경영 능력을 갖춘 전문가가 CEO의 역할을 수

행하게 되는 경우도 많다. CEO가 상법상 등기된 대표이사를 맡는 것이 일반적이다.

• COO(Chief Operating Officer) | 최고운영책임자

모든 사업 계획과 전략이 적절하게 실행될 수 있도록 조정하는 역할이다. 다시 말해 COO는 회사가 체계적으로 운영될 수 있도록 시스템을 강화하는 데 집중한다. CEO가 부재할 때는 COO가 CEO의 업무를 대신하기 때문에 보통 COO를 조직의 2인자로 보는 경향이 강하다.

• CFO(Chief Financial Officer) | 최고재무책임자

회사의 모든 재무적인 측면을 관리한다. 구체적으로는 장기적인 예산 편성 및 리스크 분석을 담당하고 회사의 재무 보고와 전반적인 재무 상태를 감독한다. 자금 조달 관련 IR$_{\text{Investor Relations}}$ 활동을 총괄하기도 한다.

• CTO(Chief Technology Officer) | 최고기술책임자

회사의 성장을 돕는 기술을 담당한다. 즉, 새로운 시스템을 연구하고 구현하며 기술적인 정보를 보완·감독하고 인프라를 구축한다. 흔히 CIO$_{\text{Chief Information Officer}}$ 역할을 포괄하기도 한다. 기

업이 확대되면서 CIO를 분리하기도 하는데 이 경우 CIO의 초점은 내부인 반면 CTO는 새로운 제품과 기능을 구축하는 데 초점을 맞춰, IT 시스템이 효과적으로 운영되도록 하는 일에 집중한다.

• CSO(Chief Strategy Officer) | 최고전략책임자

전통적인 CEO의 업무 중 전략 수립과 관련한 업무를 이관시킨 역할이 CSO다. 사업의 구조가 복잡해지고 조직이 커질수록 CSO의 역할이 필요해진다. 이들은 기업의 인수와 투자에 관한 의사결정을 담당하고 전략을 수립하며 회사의 전략 기획 프로세스를 확립하는 역할 등을 수행한다.

• CMO(Chief Marketing Officer) | 최고마케팅책임자

마케팅 전략을 수립하고 실행하는 최고의사결정권자다. 마케팅 전략은 각 기업이 어떤 산업에 속해 있고 무엇을 목표로 하는지에 따라 디지털 마케팅·광고·제품 포지셔닝·이벤트·이메일 캠페인 등 다양하게 전개될 수 있으므로 CMO는 최근 시장 트렌드에 민감해야 한다.

• CHRO 또는 CHO(Chief Human Resources Officer) | 최고인사책임자

조직 구성원과 관련된 모든 것을 관리·감독한다. 그들은 회사가 어떻게 직원을 고용하고 승진시키고 훈련하고 평가하는지 그 기준을 확립한다. 승계 기획이나 인재 확보 등 장기적인 인사 전략도 관리한다.

C의 자리가 폭발적으로 증가한다

지금까지의 이야기를 보며 누군가는 이렇게 반문할지도 모른다. C레벨의 세상이 온 것도, C란 존재가 'C의 유전자를 갖춘 유능한 엘리트'를 의미하는 것도, C가 되면 오를 수 있는 C레벨이라는 위치가 각광받고 있다는 것도 이해하겠으나 현실적으로 C레벨의 수는 너무 적지 않느냐고 말이다.

이는 분명 합리적인 의문이다. 국내 대기업의 경우 공채로 뽑힌 신입사원 300명 중 약 5명만이 임원에 오르고 그렇게 어렵게 임원의 자리에 올라도 그중 C레벨이 되는 건 100명 중 1명꼴인 것이 현실인데, 바늘구멍에 들어가기보다 어려운 일이 아니냐고 걱정할 수도 있다.

하지만 다행히도 지금의 시대는 이런 걱정을 해결하는 방향으

로 발전하고 있다. C레벨의 질적 가치가 올라가는 동시에, 양적으로도 폭발적인 증가를 앞두고 있기 때문이다.

다가오는 시대에서는 경영 환경의 변화에 따라 C레벨은 보다 세분화되고 그 수가 점차 증가할 것이다. 더 많은 기업이 C레벨의 역할을 구체적으로 요구할 것이며, 확대 채용할 것이다. 또한 산업의 구조가 다변화됨에 따라 새로운 기업들은 계속 생겨날 것이고 신생 기업들은 전통적인 경영 방식이 아닌 C레벨 중심의 새로운 경영 구조를 바로 적용할 가능성이 크다.

물론 신생 기업뿐만 아니라 기존의 기업에도 C레벨의 자리가 더욱 많아질 것이라 예측된다. 실제로 기업이 성장하고 규모를 확장해가면서 '분권화decentralization'를 넘어 '분사'의 형태를 취하는 경우가 점점 많아지고 있으며, 이처럼 분사한 자회사들 중 다수가 C레벨 체제를 표방하고 있다. 이렇게 새로 생겨나는 기업과 기존의 기업을 막론하고 C레벨 수요의 증가가 가속화되고 있다는 점은 우리에게는 큰 기회다. 자격을 갖춘 이들이 대우받을 수 있는 회사가 계속해서 늘어나고 있다는 뜻이기 때문이다.

그렇다면 왜 기업들은 분권화를 넘어 '분사'의 형태를 취하게 되었을까? 먼저 분권화란 '의사결정 권한을 위임하는 것'을 의미한다. 낮은 직급에까지 권한이 위임돼 있을수록 분권화의 정도가 높다고 할 수 있다. 그리고 대부분의 회사가 완전집권화 또는 완전분권화를 취하기보다는 양쪽의 성격을 일부 합친 형태를 취하고 있다. 예를 들면 각 직무별 실무자들에게 실행 및 운용 권한은 위임하지만, 큰 안건에 대한 최종의사결정권은 여전히 직무 책임자나 사장에게 있는 형태를 말한다.

경영 일반 원칙에서 잘 알려진 바와 같이 가장 완벽한 통제란 회사의 사정을 제일 잘 아는 경영자가 직접 경영 현장을 지속적으로 살피는 것이다. 일명 MBWA Management By Wandering Around(현장 경영 또는 배회관리)로도 알려져 있다. 그리고 현장 경영의 대표적인 실천자로 현대그룹의 고 정주영 회장을 꼽을 수 있다.

대부분의 기업이 중앙집권적 구조로 출발하지만 점차 규모가 커짐에 따라 관리상의 한계를 실감하며 분권화를 도입한다. C레벨은 이런 분권화를 통해서도 생겨날 수 있다. 권한을 위임받은 부서가 늘어날수록 그 권한을 행사하기 위해 해당 부서는 흔히 '본부장'으로 불리는 새로운 C레벨급의 자리를 만들 가능성이 높기 때문이다.

하지만 이런 분권화만으로는 기업이 원하는 경영 속도를 따라가기 어렵다. 분권화를 한다고 해도 최종 권한은 여전히 기업의 최상위 의사결정권자인 한 사람에게 귀속돼 있기 때문이다. 이는 곧 속도의 저하로 이어질 수밖에 없다.

이런 문제를 극복하기 위해 현재 많은 기업이 분권화를 넘어 분사의 형태를 추구하고 있다. 아예 회사를 분리시키고 개별적으로 운영하게 만들어 혁신의 속도를 높이는 것이다.

분권화를 넘어 분사의 형태를 취하고 이 분사된 회사가 또 하나의 '중심 기업'으로 성장한 대표적인 사례가 포털 사이트 '네이버'와 메신저 '라인' 등을 운영하는 네이버다. 네이버는 1999년 6월 이해진 의장을 비롯한 창립 멤버들이 약 5년 동안 준비한 끝에 정식 서비스를 시작했다. 당시 회사명은 네이버컴(주)이었다. 네이버는 검색 광고 매출이 안정적으로 성장하는 상황에도 안주하지 않고 2000년에 '한게임'을 인수하는 등 그다음을 준비했다. 또한 회사의 규모가 커지자 명확한 목표를 수립하고 전문 분야에 집중할 수 있도록 회사의 이름을 바꾸고 사업 부문을 나눴다. 바로 이때 네이버의 '분권화'가 이루어졌다.

네이버컴의 새로운 이름은 '넥스트휴먼네트워크Next Human Network'의 줄임말인 'NHN'이었다. 영문 자체의 뜻도 있었지만 네이버와 한게임이 동시에 연상되는 이름이기도 했다. 그 후로도 NHN은 모바일 중심으로 재편되는 사업 환경에 보다 적극적으로 대응하고 각 사업 부문의 핵심 경쟁력을 강화하기 위해 포털 부문과 게임 부문으로 사업을 분할해왔다. 이로써 인터넷 기업 NHN은 포털·게임·모바일·검색 광고라는 네 개의 사업 영역으로 나뉘게 됐다.

NHN은 여기에 만족하지 않았다. 더 빠르고 민첩한 경영을 위해 '분사'를 시도했다. 2013년 3월에는 라인과 모바일 사업에 집중하기 위해 조직을 나눠 '라인플러스'와 '캠프모바일'을 별도 법인으로 분리해 자회사로 신설하고, 네이버와 한게임 사업을 분할하겠다고 발표했다. 그리고 2013년 8월, 13년간의 한집살이를 마치고 NHN은 두 개의 법인으로 나뉘어졌다. 포털 사업인 네이버(주)와 한게임 등의 사업을 하는 NHN(주)으로 분리된 것이다. 2020년을 기준으로 네이버(주)의 연결 대상 종속 회사(자회사)는 128개사이고 NHN(주)의 종속 회사는 81개사에 달한다. 이 두 회사는 마치 세포분열하듯 사업 영역을 확대함에 따라 자회사와 관계회사를 늘리고 있다.

기업의 규모가 커지고 조직이 복잡해지면 의사결정이 느려지고 관료화 현상이 발생하기 시작한다. 네이버의 사례에서 볼 수 있듯이, 이때 기업들은 거대 조직이 갖는 역기능이나 문제점을 해소하고 각 사업 영역에 집중하기 위해 기업을 여러 개의 유사 독립 단위로 세분화해 조직화하는 '사업부제에 의한 분권 경영(분권 관리)'을 도입한다. 하지만 사업부제에도 단점은 존재하므로 이를 극복하기 위해 한발 더 나아가 분사를 시도한다. 별도의 회사가 되니 기업의 실체가 구분되고 경쟁력도 높일 수 있는 것이다. 그러면서 기존 기업에서 세포분열하듯 만들어진 기업들에도 자연스럽게 새로운 CEO와 새로운 C레벨들이 등장하게 된다.

투자 회사인 '메인스트리트인베스트먼트'의 공동 대표 고병우 대표도 분사를 기회로 삼아 C레벨로 성장한 사례다. 그는 많은 자회사를 둔 지주회사에서 일했는데, 처음에는 재무 총괄 역할을 수행하다가 그 기업이 새로운 자회사를 만들면서 CFO(최고재무책임자)가 되었다. 그는 C레벨이 되면서 보다 큰 관점에서 업무를 할 수 있게 되었다고 이야기했다. 그렇게 C레벨로서의 경험과 역량을 쌓았고, 그 덕에 공동대표로서 지금의 회사를 창업할 수 있었다. 그는 CFO로 일하며 C레벨의 중요성을 크게 깨달았고, 지금도 투자 의사결정을 할 때 반드시 다른 C레벨들의 의견을 반영하고 있다고 말했다. C레벨이 폭발적으로 늘어나는 지금의 시기를 효과적으로 활용한 좋은 예다.

지금은 경쟁의 시대이자 속도의 시대다. 속도의 싸움에서 승리하기 위해 기업은 점점 분권화를 도모할 것이고, 그중 승리해 성장하는 기업일수록 빠르게 분사 형태를 취할 것이다.

결국 C레벨의 세계는 시간이 흐를수록 그 규모가 확장될 수밖에 없다.

역량을 갖춘 이들이 신분 상승할 수 있는 새로운 기회의 문이 본격적으로 열리고 있는 셈이다.

'카카오모빌리티'의 CEO인 류긍선 대표와 모임을 함께한 일이 있다. 당시 모임을 주선한 분이 그를 '천재 개발자'라는 수식어로 소개하자 류긍선 대표는 웃으며 "이제는 경영자로 소개해주면 좋겠다"라고 화답했다. 이를 보며 C레벨의 숨은 의미와 함께 류긍선 대표가 C로 진화했다는 사실을 느낄 수 있었다. 관점을 경영자의 것으로 진화시켰을 때 비로소 C의 유전자를 갖춘 '진정한 C레벨'이 될 수 있다는 것이다.

C레벨이라는 블루오션이 열리고 있다.

그렇다면 우리는 무엇을 해야 하는가?

진급이 아닌 진화를 시작해야 한다.

직장이라는 자기 무대에 우뚝 서고 싶다는 욕심이 있는 사람이라면 이 길을 선택하지 않을 이유가 없다. 아니, 어쩌면 직장에 다니는 사람이라면 반드시 선택해야 할 '의무'가 아닐까. 앞으로의 세상은 역량을 갖춘 준비된 이들에게만 C레벨이라는 선물과 막대한 혜택을 안겨줄 것이니 말이다.

C가 기업의 운명을 결정한다

한 나라의 정보에 대해 말할 때 우리는 흔히 인구수·GDP·연평균 온도·군사력과 같은 통계치를 우선적으로 언급한다. 하지만 이런 정량적인 정보만으로는 그 나라의 전부를 알 수 없다.

한 나라에 대해 정확히 파악하기 위해서는 그곳에 사는 사람들은 어떤 경향이 있고 어떤 문화 속에 살아가고 있으며 어떤 역사를 갖고 있는지와 같은 정성적인 정보도 반드시 필요하다. 오히려 이런 정성적인 정보가 정량적인 수치보다 그 나라의 특성을 더욱 극명하게 보여주기도 한다. 한 나라의 역사를 사건 중심으로 해석할 때가 더욱 그렇다. '시기별 지도자'라는 정성적 정보로 그 나라가 어떤 나라였는지 단적으로 설명할 수 있는 것이다.

예를 들어 도널드 트럼프Donald Trump가 집권하는 미국과 조 바이든Joe Biden이 집권하는 미국은 전혀 다른 방식으로 운영될 것이다. 1930년대 아돌프 히틀러Adolf Hitler가 이끌었던 독일과 현재 앙겔라 메르켈Angela Merkel 총리가 이끄는 독일도 완전히 다르다. 1994년 넬슨 만델라Nelson Mandela가 대통령으로 당선되면서 남아프리카공화국에 전혀 다른 세상이 펼쳐진 것은 말할 필요도 없다.

기업 또한 마찬가지다. 매출액·영업이익·시가총액·자산 규모·직원 수 같은 정량적인 정보보다는 '누가 그 기업의 C레벨인가'를 이야기할 때 그 기업이 어떤 기업인지 더 명확히 드러나기도 한다. 테슬라모터스라면 일론 머스크가, 소프트뱅크라면 손정의孫正義가, 알리바바라면 마윈馬雲이 그 기업의 특징이 되는 것처럼 말이다. 다시 말해 그 기업의 CEO, 나아가 그 기업의 C레벨이 곧 기업을 대변한다고 할 수 있다.

버버리의 대역전을 만든 두 명의 C

모든 C레벨은 경영자다. 그러므로 C레벨이 내리는 결정은 곧 기업의 흥망성쇠로 이어진다. 한 명의 영웅이 난세를 제압하고 한 명의 폭군이 나라를 망하게 하듯 말이다. 그런 의미에서 C레벨은 그 자체로 기업이다.

C레벨이 기업의 명운을 바꿔놓은 대표적인 사례로 세계적인 패션 브랜드 버버리를 들 수 있다.

1990년대 후반 버버리는 중년이나 노년층만이 선호하는 고리타분한 브랜드로 취급되었다. 심지어 영국에서는 마트 할인코너에서 버버리 제품이 큰 폭으로 할인되어 헐값에 판매되기도 했다. 럭셔리 브랜드라는 명성이 사라진 지 오래였다.

그랬던 버버리를 2000년대에 이르러 다시 명품의 반열로 올려놓은 인물이 있었다. 바로 크리스토퍼 베일리Christopher Bailey와 앤절라 애런츠Angela Ahrendts다.

구찌와 도나캐런의 수석 디자이너였던 크리스토퍼 베일리는 30세가 되던 2001년 5월에 버버리의 새로운 크리에이티브 디렉터가 되었다. 베일리는 버버리의 전통과 영국 특유의 문화를 잘 살리면서도 잘게 자른 가죽이나 금속 장식, PVC와 같은 새로운 소재를 디자인에 적극 활용했다. 그 덕분에 버버리는 실험적이고 도전적인 모습을 한 젊은 이미지의 브랜드로 탈바꿈했다. 탁월한 성과를 인정받은 베일리는 2009년에 버버리의 CCOChief Creative Officer(최고창의성책임자)로 발탁되었다.

그가 크리에이티브 디렉터에서 CCO에 올랐다는 건 무엇을 의미할까? 버버리에는 각각의 세부 브랜드가 있고 제품군마다 크리에이티브 디렉터도 따로 존재한다. CCO에 오른다는 건 그 크리에이티브 디렉터들 중에서도 'chief'가 된다는 것이고 동시에 경영진이 된다는 것을 의미한다. 베일리는 CCO 자리에 오르면서 당시 23개국에 흩어져 개별적으로 활동하던 디자인팀을 자신을 중심으로 새롭게 통합·재편했다. 그렇게 디자인 직무가 하나의 군집을 이루고 나자 디자인 중심의 경영 의사결정까지도 가능해졌다. 그가 CCO에 오르기 전까지 버버리에서 크리에이티브 디렉터가 C레벨에 오른 사례는 단 한 번도 없었다. 이후에도 그는 승승장구하며 2014년 4월에는 버버리의 CEO 자리에 올랐다. 디자이너 출신이자 CCO 출신인 CEO가 탄생한 순간이었다.

버버리의 부흥을 이끈 또 다른 인물인 앤절라 애런츠는 1997년 패션 기업 '리즈클레이본'에 입사해 7년 동안 괄목할 성과를 이루었다. 그녀는 브랜드 수를 10개에서 41개로 확장하고 매출액을 25억 달러에서 46억 달러로 늘리는 등 회사를 비약적으로 성장시켰다. 이런 발군의 능력을 바탕으로 그녀는 2006년 1월에 버버리의 CEO로 취임했다.

취임 직후 애런츠는 젊어진 버버리의 디자인과 감성에 걸맞게 모든 경영 전략을 디지털 중심으로 바꾸었고 온라인 쇼핑 채널을 강화했다. 또한 애런츠는 2008년에 무려 153년간 런던 헤이마켓에 위치해 있던 버버리 본사를 런던의 상징과도 같은 웨스트민스터 지역의 호스페리하우스로 이전하고, 밀라노에서 이루어지던 패션위크를 런던으로 가져오면서 버버리를 다시금 영국의 대표적인 패션 브랜드로 자리매김시켰다. 그 결과 2008년 버버리는 사상 최초로 매출액 10억 파운드(약 1조 5000억 원)를 돌파했다.

2013년 6월 영국의 일간지 《가디언》은 영국 내 상위 350개 기업 CEO의 연봉을 조사했는데 애런츠는 1위의 자리에 이름을 올렸다. 여성 CEO가 1위에 오른 건 조사 이래 처음이었고 그녀가 받은 연봉 또한 막대한 금액이었다. 그녀의 연봉은 1690만 파운드(한화 약 295억 원)로, 2위에 오른 샤이어제약 전 CEO 앵거스 러셀Angus Russell보다 470만 파운드(약 83억 원) 더 높았다. 성과에 대한 금전적 보상도 확실하게 받은 것이다. 이후 애런츠는 2014년 애플의 CEO 팀 쿡에게 발탁되어 무대를 옮겼다.

이처럼 버버리가 부활한 배경에는 두 명의 능력 있는 C레벨이 있었다. 그들의 결정과 판단이 버버리라는 기업의 결정과 판단이 된 셈이었다.

이미 각각 훌륭한 성과를 냈던 두 명의 C레벨이 협업했기에 더 큰 시너지를 일으킬 수 있었다는 점도 주목할 만하다. C레벨은 '합의 법칙'을 초월할 수 있다는 증거이기 때문이다. '1+1'이

2가 되는 것이 아니라 각 C레벨들의 역량에 따라 그 합은 무한히 늘어날 수 있다. 여러 명의 C레벨이 함께한다면 한 명의 C레벨이 이룰 수 없는 가치를 얼마든지 만들어낼 수 있다. 그리고 이것이 기업들이 더 세분화된 C레벨을 원하는 이유다.

크리스토퍼 베일리는 젊은 감성의 디자인으로, 앤절라 애런츠는 디지털·온라인 채널에 최적화된 유통 방식으로 쇠퇴하던 버버리를 구해냈다. 그들이 시도한 것들 중 가장 혁신적인 도전은 단연 '럭셔리 브랜드의 패스트패션화'일 것이다. 애런츠는 가장 먼저 디지털·온라인 채널에 기반한 리테일 전략을 수립했다. 이를 통해 패션위크에 제품을 선보이면 곧바로 판매에 들어가는 시스템(see now, buy now)을 구축했다. 베일리가 선보이는 젊은 감각의 버버리 제품들은 런웨이에 공개된 직후 디지털 리테일 네트워크를 통해 100여 개가 넘는 나라에 즉시 유통되었다.

패션쇼를 라이브 스트리밍으로 선보이기도 했다. 당연히 럭셔리 브랜드 중 최초의 시도였다. 이런 파격적인 행보는 젊은 세대의 관심을 끌기에 충분했고 버버리의 매출과 영업이익은 수직 상승했다. 시장 가치도 함께 올랐다. 애런츠가 CEO에 취임했을 당시 버버리의 시장 가치는 20억 파운드(약 3조 원) 정도였지만 2014년 퇴임할 때는 70억 파운드(약 10조 3000억 원)에 달했다. 기업을 3.5배나 성장시킨 셈이다. 그것도 실리콘밸리의 스타트업이 아닌, 무려 약 150년이나 존재해온 기업을 말이다. 기업이 직원들의 생사여탈을 결정하는 존재라면, C레벨이란 기업의 생사여탈을 좌우할 수 있는 존재라는 것이 증명되는 순간이었다.

C의 세계에 제한구역이란 없다

이 두 명의 사례를 통해 우리는 'C레벨이 곧 기업'이라는 말의 진정한 의미를 살펴볼 수 있다. 또한 C레벨이 가진 무한한 가능성도 엿볼 수 있다.

먼저 크리스토퍼 베일리는 C레벨이 직무를 초월할 수 있다는 사실을 증명했다. CCO가 CEO로 승진했다는 것에는 단순히 위치가 바뀐 것 그 이상의 의미가 담겨 있다. 바로 C레벨의 직무에는 한계가 없다는 것이다. 크리에이티브 부문의 최종 책임자라면 한 기업의 최종 책임자도 될 수 있다. 그저 '직무'의 관점으로 바라보면 지금까지 이런 일은 불가능했다. 한 직무에서 가장 높은 위치까지 올라갔다고 해서 그 회사의 최종의사결정권자가 되는 경우는 거의 없었으니 말이다.

하지만 C레벨이 되었다는 것은 '경영자'의 세계로 넘어왔음을 의미하기에 얼마든지 직무를 초월해 경영할 수 있게 된다. 회사에 있는 거의 모든 분야가 경영을 필요로 하고, 모든 도가 하나로 통하듯 경영의 근본 역시 하나다. 따라서 한 분야의 우수한 경영자는 다른 분야를 맡아도 충분히 잘 이끌어갈 수 있다.

앤절라 애런츠의 사례는 C레벨이라면 직무에서 한 발 더 나아가 산업 분야마저도 초월할 수 있다는 사실을 증명한다. 패션 기업의 C레벨이 최고의 IT 기업인 애플의 C레벨로 당당하게 이동했으니 말이다. 그것도 애플 최고 수장의 적극적인 구애를 통해서 말이다.

2012년 애플은 리테일 사업에 위기를 맞았다. 그때는 스티브 잡스의 사망 직후인 데다가 애플이 자체적으로 개발한 지도 서비스에 잇따라 오류가 발생하는 일까지 벌어지면서 기업 안팎이 뒤숭숭했다. 여러 내외부적인 악재로 인해 경영진에 공백이 생겼고, 이로 인해 애플 리테일 사업부는 잡스 사후 2년 동안이나 사업 본부장을 맞이하지 못하고 있었다. SCM 전문가인 CEO 팀 쿡이 직접 리테일 사업을 챙기고 있었으나, 그가 다 감당하기에는 버거웠다. 그래서 리테일 사업부의 재건을 위해 2014년 애런츠를 영입하고 C레벨로서의 권한 일부를 위임한 것이다.

그녀의 영향력은 실로 엄청났다. 무려 430여 개의 점포와 온라인 스토어를 총괄 운영하는 부사장 임무를 맡았으며, 자신의 의사결정을 오직 CEO인 팀 쿡에게만 직접 보고했다. 팀 쿡은 패션과 IT가 전혀 다른 산업이지만 버버리에서 디지털 온라인 채널을 평정한 애런츠의 경영 능력이 애플에서도 통할 것이라 판단했다. 그리고 이 판단은 훌륭한 성공을 안겨주었다. 애플스토어에서의 소비자 경험이 더 많은 구매를 이끌어내면서 애플이 한층 더 성장한 것이다. 서울 가로수길에 위치한 우리나라의 애플 스토어 1호점도 그녀의 작품으로, 오픈식에 모습을 드러내기도 했다. 이처럼 애런츠의 취임이 트리거가 되어 이후 애플은 온·오프라인 리테일에서도 더 높게 평가받는 기업이 되었다.

이처럼 지금 시대의 C레벨은 산업 분야마저도 초월한다. 한 분야에서 C레벨로서의 능력을 인정받으면 모든 산업 분야로 이동할 수 있는 자격이 생긴다. 사업의 성격이나 특성은 다르겠지만 한 기업을 살아남게 하고 발전시키기 위해서는 기본적으로 뛰어난 경영 능력이 필요하다. C레벨로서 한 분야에서 능력을 인정받았다면 그것은 경영 능력을 인정받은 것이나 다름없기에 많은 회사로부터 러브콜을 받게 되는 것이다.

C레벨의 세계에서 일어나는 일들을 보고 있자면 한국에서 우리가 봐왔던 기업의 '임원'과 'C'의 차이를 여실히 느낄 수 있다.

'대학을 졸업한 후 어린 나이에 공채에 합격해 약 20년 정도 고과를 잘 받고 오너를 비롯한 경영진의 신뢰를 받아 임원 자리까지 올라간다. 그렇게 임원이 된 후에는 직원이었을 때와는 비교도 할 수 없는 실적 압박을 느끼게 된다. 시간이 지나 퇴사 시점에는 자신이 일을 맡겼던 협력사의 임원으로 가서 일종의 전관예우를 받지만, 인맥의 힘이 떨어지면 그곳에서도 어느 순간 물러날 시기가 온다. 그러고 나서 그동안 한 번도 경험한 적 없는 카페 등의 자영업을 시작한다.'

이런 이야기가 우리에게는 너무 익숙하다. 심지어 이 흔하면서도 씁쓸한 이야기 역시 사실은 '직장 생활을 매우 훌륭하게 잘 해냈다는' 전제가 있어야 가능한 것이고, 대부분은 임원 직급조차 달지 못한 채 쓸쓸히 퇴직하고 만다.

거듭 말하지만 그런 시대는 저물고 있다.

이제는 C레벨의 시대다.

C레벨에게는 끝이 정해져 있지 않다.

많은 기업이 직무를 초월하고 산업 분야를 초월하는 C레벨을 원하고 있다.

기업은 오직 유능한 C만을 원한다

'새로운 시대의 C레벨'과 '기존 시대의 임원' 사이의 결정적 차이가 무엇이냐고 묻는다면 이렇게 답하고 싶다.

'종속'과 '초월'.

임원도 많은 권한과 책임을 갖고 있지만 결국 회사에 종속된 객체다. 경우에 따라서는 '회사 입장에서 최고의 수'가 아닌 '회사에 피해가 가더라도 자신의 자리를 보전하기 위한 최선의 악수'를 두기도 한다. 부문 책임자인 임원이 최고경영자 및 주주가 원하지 않는 방향으로 의사결정을 내릴 수 있다는 것이다. 그래서 몇몇 임원들은 회사의 목표와 개인의 목표를 일치시키는 '목표 일치성'이 현저히 떨어진다.

반면 C레벨은 회사를 초월한 존재다. 자신의 역량을 100% 활용해 해당 직무와 회사, 심지어는 산업 전체의 판도까지도 바꿀 수 있다. 그렇기에 C레벨은 회사에 종속되지 않는다. 회사와 동등하거나 직접 회사를 이끈다. 직무도, 회사도, 산업 전체도 초월할 수 있는 것이다. 몇몇 전통적 임원은 "나는 회사에서 임시로 사용되는 사람일 뿐"이라는 자조적인 이야기를 하곤 한다. 하지만 진정한 C레벨은 반대다. 그들은 '회사를' 임시로 사용하는 사람들이다. 이처럼 우리가 말하는 C레벨과 기존의 임원은 완전히 다른 관점을 가진 존재다.

2016년 1월 현대자동차그룹에 합류한 이후 2020년 3월 일신상의 이유로 사임할 때까지 현대차·기아차·제네시스 브랜드의 디자인을 총괄한 루크 동커볼케Luc Donckerwolke 디자인 총괄 부사장이 2020년 11월 현대자동차그룹으로 다시 돌아왔다. 현대자동차그룹은 디자인을 기반으로 브랜드 커뮤니케이션을 수행할 CCO Chief Creative Officer 직책을 신설하고 그 자리에 동커볼케를 재영입한 것이다. 회사는 그를 다시 영입하면서 동커볼케가 브랜드 경쟁력 강화를 목적으로 디자인에 초점을 맞춘 제반 업무를 수행할 것이라고 설명했다. 아울러 "지속적으로 소통하되 서로를 신뢰하고 존중하면서 최고의 인재를 확보하기 위해 노력한 덕분에 그를 현대자동차그룹에 다시 합류시킬 수 있었다"라고 발표했다.

여기서 주목할 만한 점은 세계 최정상급의 대기업이 한 명의 인재를 붙잡기 위해 그를 위한 직책까지 신설하고, 퇴사 이후에도 지속적으로 러브콜을 보내 재영입했다는 점이다. 종래의 임원 체제에서는 그 어떤 임원도 이런 호사를 누리지 못했다. 그의 사례는 지금 기업에게 우수한 C레벨이 얼마나 큰 의미를 갖는지 확인할 수 있는 증거다.

기업에도 일종의 역사서가 존재한다. 그 역사서에는 아주 소수의 사람만이 이름을 남긴다. 기업의 역사서에 이름을 남긴다는 것은 그 이름이 곧 기업과 동일시된다는 것을 의미한다. 과거에는 창업주가 이름을 남겼을 것이다. 최근까지는 그 회사에서 오랜 근속기간을 자랑하며 창업주의 신뢰를 받은 소수의 임원이 이름을 남겼다. 롯데지주의 황각규 대표이사 겸 부회장이 물러나면서 남긴 '롯데의 2인자', '40년 롯데맨', '신동빈의 남자'라는 타이틀이 바로 그 예다.

그러나 앞으로 쓰일 기업의 역사서에는 오직 C레벨만이 이름을 남길 것이다. 한 나라의 역사에 남는 것은 위대한 지도자이듯 기업의 역사에도 기업 그 자체를 상징하는 C레벨만이 이름을 남기게 될 것이다.

당신의 이름이 기업과 동등해질 수 있는 기회의 장이 열리고 있다.

당신이 절대 놓쳐서는 안 될 기회가 바로 옆에 있다.

당신이 어제보다 더 나은 존재로 날아오를 수 있는 순간이.

새로운 C는 기업의 새로운 의지다

종래의 직급 체계를 생각해보자. 최근 직급 해체가 가속화되었음에도 여전히 많은 회사가 사장·부사장·전무·상무·이사·부장·차장·과장·대리·주임·사원의 직급 체계로 조직을 꾸리고 있다. 물론 기업마다 조금씩 차이가 있지만 대부분의 기업이 이들 중 일부의 조합으로 구성된다. 직급 체계는 꽤 오랜 시간 크게 변하지 않은 채 그 모습을 유지해왔다.

C레벨 체계는 어떨까? C레벨 체계는 이런 '고정성'과는 정반대의 성질을 갖고 있다. 정형화된 C레벨 체계에 대한 연구도 진행되고 있으나 이는 큰 의미가 없다. C레벨 체계는 기본적으로

변동성이 크기 때문이다. 지금 이 순간에도 수많은 C레벨이 새롭게 생겨나고 있다.

언뜻 듣기에 이러한 상황은 우리에게 무척 유리한 흐름인 것 같다. C레벨을 목표로 하는 우리에게 자리가 늘어난다는 것은 분명 반가운 소식임에 틀림없어 보인다. 하지만 새로운 C레벨이 생겨난다는 것은 단순히 자리 하나가 늘어난다는 것을 의미하지는 않는다. C레벨의 세계에선 어떠한 변화나 현상도 비의도적이지 않다. 모든 일에는 목적이 있고 그 목적은 언뜻 보면 별것 아닌 것처럼 보이는 현상 전부에 아주 체계적으로 반영돼 있다.

당신의 기업엔 어떤 C가 있는가

새로운 C레벨의 영역이 수없이 생겨나는 이유는 무엇일까? 이에 대한 답은 'C레벨이 곧 기업이다'라는 말을 좀 더 확장시켜 생각해보면 찾을 수 있다. C레벨이란 기업과 같은 목표로 의사결정을 하는 존재이자, 이와 동시에 기업 내 한 직무의 최종 책임자를 의미한다. 그런 C레벨의 종류가 다양해진다는 것은 기업의 직무도 급변하는 경영 환경에 맞춰 다양해지고 있다는 것을 의미한다.

단, 여기서 말하는 '다양화'란 기존에 있던 직무를 잘게 쪼개는 것이 아니라 완전히 새로운 역할의 탄생도 포함한다는 것을 기억해야 한다. 즉, 기업이 필요하다고 여기는 역할이 점점 더 많아지고 있기 때문에 C레벨도 점점 다양해지고 있는 것이다. 어느 칼럼니스트는 C레벨의 영역이 늘어나는 것을 보고 "이런 현상을 수학 공식으로 설명하자면 'C+f(x)+O'라고 해도 무방하다"라고 표현하기도 했다. 우리는 이것을 'CXO'라고 표현하겠다.

기업이 어떤 역할을 새롭게 필요로 하는지를 들여다보면 그 기업의 운영 방향도 추측할 수 있다. 어떤 역할이 필요하다는 건 그 기업이 그 역할을 수단 삼아 앞으로 나아갈 것이라는 방증이기 때문이다.

새로운 C레벨의 출현은 기업이 현재 당면해 있는 고민과 앞으로 나아갈 방향을 대변한다. 어떠한 기업의 CXO란 기업을 대변하는 동시에 기업의 미래를 보여주는 가장 훌륭한 지표인 셈이다.

이해를 돕기 위해 이런 상상을 해보자. 또다시 코로나19와 같은 팬데믹 상황이 닥쳐 비대면 서비스가 더 늘어나고 재택근무가 일반화되어 조직 구성원 간의 만남이 적어진다면 어떻게 될까? 서로 만나 소통하는 게 아니라 메신저나 화상 화면을 통해 소통하는 일이 잦아질 것이다.

그런데 교육계에서는 이런 비대면 소통이 대면 소통에 비해 효과가 떨어지는 것을 체감하고 있다. 대학교의 경우 화상 수업에 대한 만족도가 대면 수업에 비해 현저히 낮고 소통이 직접적으로 이뤄지지 못하다 보니 여러 문제가 발생하고 있다고 호소한다.

기업 역시 마찬가지일 것이다. 한 테이블에 둘러앉아 직접 대화하고 의견을 나누는 것에 비해 비대면으로 진행되는 업무는 아무래도 효율이 떨어질 가능성이 높다. '커뮤니케이션'에 문제가 발생하는 것이다.

업무 효율성 증대는 언제나 기업의 가장 중요한 목표 중 하나이므로 기업은 이 문제를 빠르게 해결하고 싶어 할 것이 분명하다. 이때 기업에 '업무 효율성 증대를 위한 커뮤니케이션 활성화'라는 새로운 목표가 생긴다면 그 기업은 커뮤니케이션을 강화하고 책임질 새로운 'CXO'를 만들어낼 것이다. 실제로 최근 기업에서 CLOChief Listening Officer(최고경청책임자)라는 역할이 새롭게 부각되고 있는 이유다.

보통 CLO는 최고법률책임자(Chief Legal Officer)를 지칭하는 말이다. 기업 및 경영 관련 법규가 갈수록 복잡하고 까다로워지면서 이를 총괄하고 책임지는 역할이 기업 내 꼭 필요했던 것이다. 하지만 경청을 통한 내부 커뮤니케이션이 중요해진 요즘의 기업에서는 CLO라고 하면 최고경청책임자를 먼저 떠올리기도 한다. '경청', 즉 귀 기울여 듣기의 중요성이 기업에서도 강조되고 있는 것이다. 경청을 중시한다는 것은 그 기업이 앞으로 소통을 위해 노력하겠다는 경영 방침을 세웠다는 선언으로도 해석이 가능하다.

이번에는 또 다른 형태의 CLO를 살펴보자. 인재를 확보하고 육성하는 일은 기업의 가장 중요한 관심사가 되고 있다. 이에 따라 CLOChief Learning Officer(최고교육책임자)라는 역할 또한 새롭게 등장했다. 이 CLO는 최고경청책임자와 이니셜은 같지만 직무는 완전히 다르다. 최고교육책임자인 CLO는 기존 인사 담당 임원의 HRDHuman Resources Development 업무를 보다 확장시켜서 사내 교육을 총괄하고 조직의 역량을 극대화하는 일을 책임지고 담당한다. 기존의 인사 담당 임원이 채용·직원 배치·직원 교육·노사 문제·퇴직 운용 등 인사의 모든 것을 담당했다면, CLO는 여기서 오직 사내 조직원들의 교육에만 집중한다. 우수한 교육 프로세스를 확립해 직원 전체의 평균 능력치를 상승시키는 일을 담당하는 것이다. 국내에서는 아직까지 생소한 개념이지만, 벌써부터 이를 도입해 조직의 역량을 키우고 있는 기업도 종종 있다.

'안랩'은 CLO를 둔 대표적인 기업 사례로 손꼽힌다. 안철수 전 이사회 의장은 2008년 5월에 유학을 마치고 복귀하면서 CEO

가 아닌 최고교육책임자인 CLO를 맡으면서 눈길을 끌었다.

그 이후 안 의장은 매년 진행되는 사내 교육 프로그램인 '안랩 스쿨'을 통해 강의를 진행하면서 "CLO는 커리어 어드바이저 역할을 해야 한다"라고 강조했다. 좋은 CLO라면 조직의 전반적인 교육 및 경영 판단에 대한 조언은 물론 경영자나 직원 개개인이 스스로 생각하는 커리어 목표를 들어보고 이를 위해 어떤 것들이 필요한지를 알려주는 일까지 해야 한다는 말이었다. 안랩이 CLO라는 C레벨을 둔 것은 그들이 그만큼 인재 육성에 많은 관심을 기울이고 있음을 의미한다.

이처럼 새로운 C레벨은 회사의 필요에 의해 만들어지고 자연스럽게 회사에 장기적이고 거시적인 변화를 불러온다. 만약 어떤 회사가 최고경청책임자를 새로이 영입한다면 이는 경영에서 소통을 중요시하고 있다는 방증이고, 최고교육책임자라는 직급을 신설해 인사를 영입했다면 그 회사는 인재 육성을 통한 가치 창출을 중요시한다고 판단해도 된다. 같은 CLO라 하더라도 'L'에 어떤 의미를 부여하느냐에 따라 기업의 전략은 완전히 다르게 해석될 수 있다. 달리 말하면 'L'이 가진 의미가 곧 기업의 방향성이 되는 것이다. 수많은 'CXO'가 생겨나고 있는 이 시점에서 X란 기업의 의지라고도 말할 수 있는 셈이다.

한 예로 쿠팡이 2019년 11월에 미국의 공인회계사이자 나

이키 출신의 글로벌 회계 전문가인 마이클 파커를 CAO Chief Accounting Officer(최고회계책임자)로 새롭게 영입했다고 밝히자 여러 언론에서는 기업의 의지를 단적으로 파악해 쿠팡이 나스닥 상장을 본격적으로 준비하고 있다고 보도하기도 했다. 쿠팡처럼 몸집이 큰 기업이 글로벌 회계 정보 산출에 보다 집중하겠다는 것은 기업 상장을 통해 투자 규모 확대를 추진하겠다는 것으로 해석할 수 있기 때문이다. 이미 세상은 C레벨의 존재를 통해 기업이 앞으로 어떤 방향으로 나아갈지를 유추하고 있는 것이다.

앞으로 기업들은 각기 다른 상황에서 각기 다른 생존 방안을 모색할 것이다. 이전까지 그 방향은 무척 비밀스러웠다. 어떤 발표를 하거나 사업으로 구체화시키기 전까지는 표면에 드러나지 않았고 쉽게 추측할 수 없었다. 하지만 이제는 그들의 생존법을 예측할 수 있는 새로운 이정표가 생겼다. '어떤 C레벨이 존재하는가?' 이 물음이 기업의 미래를 보여주는 것이다.

C의 위치를 보면 기업의 전략이 보인다

다음은 비교적 최근에 새롭게 생겨났고 여러 회사에서 차용하기 시작한 C레벨이다.

• CKO(Chief Knowledge Officer) | 최고지식책임자

기존의 CIO(최고정보책임자)보다 더 전문적이고 높은 위치로 보통 CIO가 겸임한다.

• CVO(Chief Vision Officer) | 최고비전책임자

탄탄한 인적 네트워크와 미래를 전망하는 통찰력을 갖춰 새로운 비즈니스 동향을 파악하고 기업의 비전을 제시하는 역할이다.

• CPO(Chief People Officer) | 최고인력관리책임자

내부 구성원의 조직 문화, 동기 부여, 기업의 사회적 책임에 중점을 두는 역할로, 최고인사책임자와는 다른 개념이다.

• CCO(Chief Communication Officer) | 최고홍보책임자

기존에 잘 알려진 전통 기업보다는 신생 벤처 기업에서 홍보의 중요성이 부각되면서 생긴 C레벨이다.

• CCO(Chief Customer Officer) | 최고고객책임자

고객과 관련한 전 부문에 대한 총괄적 권한과 책임을 갖는다.

• CGO(Chief Green Officer) | 최고기업환경책임자

기후변화협약 등 국제환경협약이 단순한 환경 규제를 넘어 거대한 무역의 장벽으로 작용하면서 기업 내 CGO의 필요성이 급부상했다.

• CIO(Chief Information Officer) | 최고정보책임자

기업의 정보 기술과 정보 시스템에 책임을 지는 역할로 정보 전략을 세우는 것이 주된 임무다.

• CLO(Chief Legal Officer) | 최고법률책임자

최근 경영 관련 법규가 까다로워지고 대기업들이 윤리경영을 강조하면서 법률적인 문제를 총괄 지휘하는 CLO가 점차 늘어나는 추세다.

• CRO(Chief Risk Officer) | 최고위기관리책임자

기업 활동에서 생길 수 있는 수많은 위험에 대처하기 위해 생겨난 자리다.

• CSO(Chief Security Officer) | 최고안전책임자

기업이 당면한 각종 안전 및 보안 문제에 보다 기민하게 대응

하기 위해 만들어졌다.

• CDO(Chief Distribution Officer) | 최고유통책임자

다양한 유통 채널을 발굴해 경영 성과를 극대화하는 역할을 수행한다.

• CDO(Chief Digtal Officer) | 최고디지털책임자

기업의 디지털트랜스포메이션을 주도하고, 디지털 환경하의 경영을 수행한다.

• CPO(Chief Production Officer) | 생산부문최고책임자

• CPO(Chief Procurement Officer) | 최고조달책임자

• CCO(Chief Creative Officer) | 최고창의성책임자

• CPO(Chief Patent Officer) | 최고특허책임자

• CSO(Chief Sales Officer) | 최고영업책임자

- CBO(Chief Business Officer) | 최고신규사업개발책임자

- CDO(Chief Design Officer) | 최고디자인책임자

- CGO(Chief Growth Officer) | 최고성장책임자

- CInO(Chief Innovation Officer) | 최고혁신책임자

- CQO(Chief Quality Officer) | 최고품질책임자

한 기업이 어떤 C레벨을 두려고 하는지를 파악하는 것만으로도 그 기업의 의지를 알 수 있다. 예를 들면, 기업의 이익과 사회의 공적 이익을 동시에 추구하는 경영 모델인 '임팩트 생태계'를 구축해나가고 있는 비영리법인 '루트임팩트'는 CIOChief Imagination Officer(최고상상책임자)라는 C레벨을 통해 자신들의 의지를 보여준다. 또한 링크드인이 조사한 자료에 따르면 2019년 기준으로 미국에 본사를 둔 기업의 CXOChief Experience Officer(최고경험책임자)는 330명으로 4년 전에 비해 2.5배나 늘었다고 한다. CXO를 두고 있는 기업으로는 마스터카드, TGI프라이데이, 스포츠웨어 기업인 언더아머 등이 있다. 그 기업들은 '소비자 경험'이 회사에 성

공을 가져다주는 핵심 요소라는 것을 잘 알고 있고, 여기에 대응하려는 의지를 CXO라는 위치로 보여주고 있다.

여기서 더 나아가 같은 C레벨을 두고 있다 하더라도 그를 조직도에서 어떠한 위치에 두고 있느냐를 통해서도 그 기업의 의지를 파악할 수 있다. 같은 C레벨이라 하더라도 기업에서 차지하는 위치는 다를 수 있다는 것이며 그 위치에 따라 기업이 해당 C레벨의 직무를 얼마나 중시하는지도 추측이 가능하다.

예를 들어 A와 B라는 회사가 있다고 가정해보자. 두 회사의 조직도는 133쪽의 그림과 같다.

두 회사 모두 최고창의성책임자인 CCO를 두고 있다. A 회사는 CCO가 세 개의 직무 영역 중 마케팅 영역인 CMO(최고마케팅책임자) 아래에 배치되어 있다. B 회사는 통합 전략 직무 영역 최상단에 CCO를 위치시켰으며 CMO와 CTO(최고기술책임자)는 그 아래에 두었다. A 회사는 크리에이티브 영역을 마케팅의 일환으로 여기지만, B 회사는 기업 전체적인 전략의 핵심으로 여기고 있는 것이다.

이를 통해 A 회사보다 B 회사가 크리에이티브 영역에 더 높은 비중을 두고 있다는 사실을 파악할 수 있다.

A 회사와 B 회사의 조직도

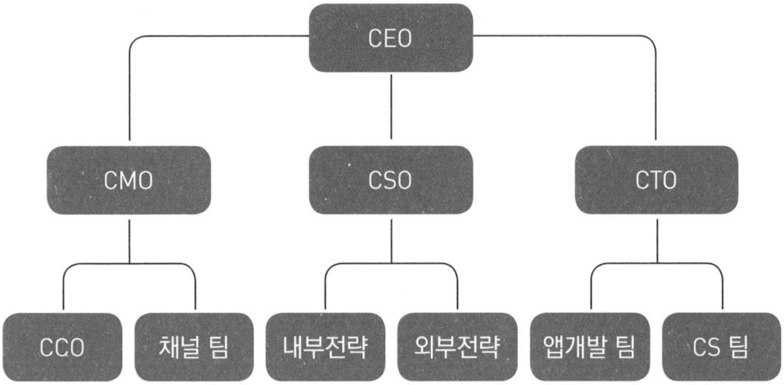

A 회사

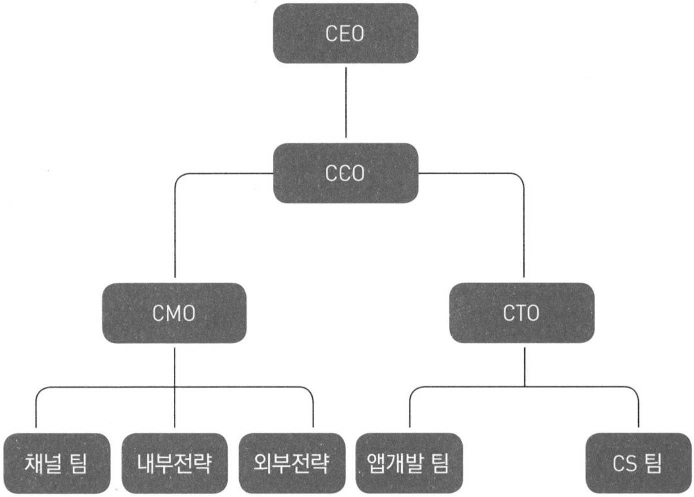

B 회사

화웨이의 CEO가 6개월마다 바뀌는 이유

최근 기업의 의지를 반영해 새로운 C레벨을 신설하고 C레벨의 위치를 바꿔나가는 기업들 중 하나가 로레알그룹이다. 로레알그룹은 랑콤, 키엘, 비오템, 슈에무라, 조르지오아르마니뷰티, 입생로랑뷰티, 어반디케이, 로레알파리, 메이블린뉴욕 등의 브랜드를 산하에 둔 세계적인 뷰티 기업이다.

로레알그룹은 새로운 시장에 대비해 유니버셜라이제이션universalization을 추구하고 있다. 산업혁명 이후 해왔던 소품종 대량생산 체제에서 탈피해 각 지역의 특성과 트렌드에 기민하게 대응하며 다양한 제품을 만들어내는 경영 방식이다. 이를 위해 여러 브랜드를 적극적으로 인수합병M&A하면서 그룹을 확장해왔다. 그리고 이제는 디지털·온라인 시대에 발맞춰 적극적으로 디지털 정보를 관리하고 빅데이터를 활용함으로써 소비자의 욕구에 부합하는 제품을 기획하고 브랜드의 방향성을 변화시켜나가고 있다.

지금까지는 어떤 지역을 책임지는 임원이나 특정 브랜드를 책임지는 C레벨이 최고경영자 다음의 부사장 직급에 올라섰지만, 현재 로레알그룹에서는 디지털·온라인 커머스 시대에 맞춰 CDOChief Digital Officer(최고디지털책임자)가 부사장 직급에 위치하고 있다. 과거와 달리 백화점 1층이나 명품관과 같은 오프라인 매장에서 소비자를 만나는 시대가 아니기 때문에 디지털·온라인 커머스를 책임지는 CDO가 선두에 서게 된 것이다.

중국의 국민 기업으로 불리는 '화웨이'도 C레벨 배치를 통해 보다 적극적으로 기업의 경영 의지를 표현하고 있다. 화웨이에는 독특한 경영 제도가 있는데 바로 6개월마다 돌아가면서 CEO를 맡는 순환 회장 제도Rotating Chairman가 그것이다.

이들은 2004년 미국의 한 컨설팅 업체에 의뢰해 임원 편성에 대한 자문을 구했다. 당시 컨설팅 업체는 회장이자 CEO였던 런정페이任正非에게 영구적으로 CEO를 맡을 것을 제안했지만 화웨이는 이를 거절했다. 그 대신 세 명을 CEO로 임명해 돌아가며 CEO를 맡게 하는 순환 회장 제도를 선택했다.

이 세 명의 순환 CEO들은 모두 계약 결정권과 위기·사고 처리 권한을 동등하게 갖는다. 그러나 회사의 중요한 정책 변경이나 주요 관리 직책 및 핵심 임원 임명 등은 일곱 명으로 구성된 '결책위원회'에서 결정한다. 순환 CEO는 위원회의 회장 역할을 맡고 자신이 CEO가 아닐 때는 결책위원회 구성원 중 한 명으로 참여하게 된다.

사실 순환 회장 제도는 '철새'를 참고해 만들어졌다. 철새들이 아시아에서 유럽으로까지 장거리 이동을 할 때 앞에서 이끄는 역할을 한 마리가 계속 맡는다면 그 새는 과로로 목숨을 잃을 수 있다. 화웨이는 이에 착안해 순환 회장 제도를 도입했고 그로써 CEO가 짊어져야 하는 과도한 책임과 리스크를 분산시킬 수 있었다.

또한 한 명의 C레벨이 잘못된 경영을 이어나가는 것도 방지했다. 이들은 과거 수십 년 동안 이 방식을 통해 상당히 올바른 방향으로 회사를 운영해왔고 성공했다고 자평한다. 이와 같은 C레벨 순환 제도는 역할 분담을 통해 가장 최적의 경영을 이루겠다는 화웨이의 의지를 고스란히 보여준다.

2019년 12월, LG전자도 C레벨 구조를 개편하면서 기업의 의지를 보여줬다. CSO(최고전략책임자)의 자리를 신설하면서 앞으로의 발전을 위해 전략 운용에 무게를 두겠다는 의지를 나타낸 것이다. 이처럼 한 기업의 C레벨을 자세히 관찰하면 그 기업이 어떠한 목표를 가지고 있는지 쉽게 파악할 수 있다.

당신의 기업엔 당신이 그리는 미래가 있는가

C레벨의 위치를 중심으로 기업의 경영 상황을 구조화시킨 것을 'C레벨 매트릭스'라고 부른다. 한 기업의 C레벨 매트릭스를 살

한 미디어 커머스 회사의 C레벨 매트릭스 변화

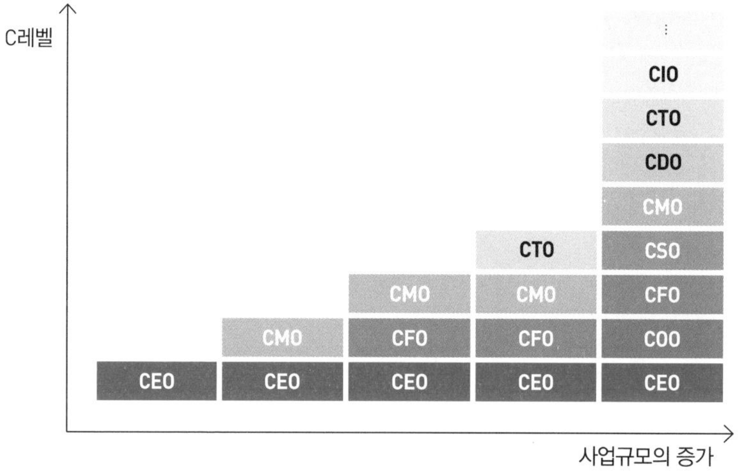

펴보면 현재 그 기업이 무엇에 중심을 두고 있는지 알 수 있다. 또한 현재의 C레벨 매트릭스와 과거의 것을 비교해 분석하면 기업의 의지가 더욱 명확히 드러나기도 한다. 가령 어떤 기업이 CMO(최고마케팅책임자)를 과거보다 더 높은 곳에 위치시켰다면 현재는 마케팅을 경영의 중심으로 생각하고 있다고 추측할 수 있다.

C레벨 매트릭스는 당신이 현재 다니고 있는 회사에서 당신의 가능성이 어디까지 이어질 수 있는지를 알아보는 중요한 지표

가 될 수 있다. 당신이 디자이너라고 가정해보자. 당신이 소속된 기업의 C레벨 매트릭스상에 CDO(최고디자인책임자)가 있다면 이는 좋은 신호라고 볼 수 있다. 해당 기업이 디자인의 중요성을 인지하고 있다는 뜻이기 때문이다. 여기에 C레벨 매트릭스 구조상 CDO가 회사의 중심에 자리 잡고 있다면 더할 나위 없을 것이다.

그런데 만약 당신의 회사에 CDO가 없다면 어떻게 해야 할까? 물론 시간이 지나 CDO의 자리가 생길 수도 있겠지만 시간이 흘러도 그 구조가 변하지 않는다면 불행히도 당신이 직무 능력을 인정받고 올라갈 수 있는 C레벨 자리는 그 회사에 없다고 생각해야 한다. 당신이 아무리 노력한다고 해도 그 회사에서 당신이 올라갈 수 있는 최고 위치는 디자인 팀장 내지는 디자이너 출신 임원에 그칠 것이다.

C레벨에 오르고 싶다는 강력한 의지가 있다면 당신은 스스로에게 물어야 한다. 지금 속해 있는 회사에 CDO의 자리를 제안해 그 자리로 올라설 수 있는가? 만약 지금의 회사에서는 불가능한 일이라고 판단된다면, 당신 직무의 가치를 높게 평가하는 기업을 찾아 이직을 준비하는 편이 당신의 성장에 더 유리할 것이다.

이 말은 무슨 의미일까? 이제부터 당신이 이직을 할 때 염두에 두어야 하는 것은 단순히 연봉 상승이나 직급 상승만이 아니라는 뜻이다. 지금까지는 대부분의 직장인들이 이직을 할 때 세 가지 정도의 조건을 고려해왔다. 직급과 연봉, 그리고 사람이다. 하지만 앞으로의 조직은 C레벨을 중심으로 개편될 것이다. 지금 당장은 조금 더 높은 직급에 올라가고 조금 더 많은 연봉을 받을 수 있다고 해도, 옮기려는 기업에서 당신의 직무를 C레벨로 인정해주지 않는다면 그 선택은 악수가 될 가능성이 높다.

C레벨로 올라갈 역량이 있음에도 기업에 해당 직무의 C레벨 자리가 없다면, 결국 의사결정권과는 거리가 먼 오퍼레이터로서 끝을 맞이하게 된다. 그러니 최소한 당신이 C레벨로 올라설 수 있는 토대가 마련된 곳에 당신의 시간을 투자하길 바란다.

지금까지 C레벨과 기업의 상관관계에 대해 알아보았다. 세상에 고민하지 않는 기업은 없다. 기업은 지금도 생각하고 또 생각하고 있다. 앞으로 나아가기 위해 무엇이 더 필요하며 무슨 일을 더 해야 하는지 말이다.

그 고민 끝에 내린 선택이 무엇인지 선명하게 보여주는 바로미터가 바로 C레벨이다.

당신이 되고자 하는 C레벨은 기업의 고민이자 기업의 결정, 나아가 기업의 의지임을 잊지 말아야 한다.

C의 1년은 누군가의 1000년이다

C레벨이 가질 수 있는 부의 크기는 얼마나 될까? 아쉽지만 C레벨 전체가 가진 부를 공식적으로 조사한 자료는 아직까지 없다. 상장기업이라도 모든 C레벨의 연봉을 공개할 의무는 없거니와(미국의 경우 최고 급여를 받는 세 명, 한국은 5억 원 이상의 연봉을 받는 임원 다섯 명만 공개하면 된다) CEO와 CFO 정도를 제외한 C레벨은 이제 막 본격적으로 생기기 시작한 것이나 다름없기 때문에 아직은 연구가 미흡하다.

그래서 여기에서는 가장 높은 권한과 책임을 가진 C레벨이자 공개된 정보가 가장 많은 'CEO'의 수치를 통해 C레벨의 부를 설명해보고자 한다. C레벨 체제로의 변화가 빨라질수록 C레벨이 가지는 부의 크기는 상향평준화될 것이라 예상되기에, CEO들의 자료를 통해 어느 정도 그들이 가지는 부의 방향성을 예측할 수 있을 것이다.

구글과 구글의 지주회사인 '알파벳'의 CEO 순다르 피차이Sundar Pichai는 2019년 전 세계 연봉 순위 1위를 기록했다. 구글의 모기업 알파벳이 공개한 연차보고서에 따르면 피차이는 2019년에 연봉 65만 달러(약 8억 원)에 상여금을 무려 2억 8100만 달러(약 3469억 원)나 받았다. 이는 알파벳 직원들의 총급여 중앙값의 1085배에 해당한다. 피차이는 상여금 대부분을 알파벳의 주식 형태로 받았다(2020년 기준으로 주식은 가파르게 상승하는 중이다). 참고로 알파벳의 2019년 매출은 1619억 달러(약 180조 원)였다.

연봉 2위인 '인텔'의 CEO 로버트 스완Robert Swan은 연봉으로 6690만 달러를 받았다. 이는 직원들의 연봉 중앙값인 9만 6300달러의 695배에 달하는 금액이다. 반도체 기업 'AMD'의 CEO 리사 수Lisa Su의 연봉 또한 5850만 달러로 직원들의 연봉 중앙값인 9만 6874달러의 604배였다. 이를 이어 4위와 5위를 기록한 '하우멧에어로스페이스'의 CEO 존 플랜트John Plant와 '월트 디즈니'의 CEO 로버트 이거Robert Iger 역시 각각 직원 연봉 중앙값의 932배, 911배에 달하는 연봉을 받으며 C레벨의 부가 얼마나 막대한지를 증명했다.

2019년 국내 10대 기업 등기 사내이사들의 1인당 평균 연봉은 24억 7000만 원으로 대기업 모든 직원의 평균 연봉보다 약 40배 높았다. 물론 미국에 비하면 한국의 연봉 규모는 아직 상대적으로 적어 보인다. 하지만 이 수치는 앞으로 가파른 증가세를 보일 것이라 예측된다. 실제로 지난 10년간 대기업 신입사원의 평균 연봉이 28% 증가한 데 반해 CEO의 평균 연봉은 430% 증가했다. 또한 앞으로 시장이 C레벨 체제로 빠르게 변화할수록 중간관리자에서 오퍼레이터로 전락한 이들에게 회수한 임금은 C레벨에게 흘러갈 가능성이 매우 높다. 게다가 C레벨에게는 기업의 지분도 주어진다. 지분의 가치가 성장할 것까지 고려하면 C레벨이 얻을 부의 크기는 기하급수적으로 늘어날 것이 분명하다. 기업들은 의사결정권자이자 디렉터인 C레벨과 단순 실행자인 오퍼레이터 중 어느 쪽에 보상을 하는 것이 자기들에게 유리한지 그 누구보다 잘 알고 있다.

한편으로는 이런 급여의 쏠림 현상을 우려하는 이들도 적지 않다. 최저 임금 기준으로 생각해보면 한국의 10대 기업 CEO는 최저 임금을 받는 사람이 100년이 넘도록 일해야 벌 수 있는 돈을 1년 만에 가져간다. 그렇다면 미국에서 최고 임금을 받는 CEO와 비교해보면 어떠할까? 한국의 최저 임금을 기준으로 무려 1300년이 넘도록 일해야 그들의 연봉을 손에 넣을 수 있다.

이처럼 한 사람이 평생 일해도 만지지 못하는 돈을 누군가는 1년 만에 벌어들인다. 어떤 이들은 이러한 현상이 너무 큰 사회적 불평등을 야기할 수 있다고 우려의 목소리를 내고 있다.

이런 우려가 가장 심각하게 제기되고 있는 곳은 미국이다.《워싱턴포스트》를 비롯한 많은 언론이 '미국 기업들이 실적에 관계없이 너무 많은 임금을 CEO들에게 지불하고 있다'고 비판한다. 예를 들어 미국 최대 바이오테크 회사 중 하나인 '암젠'은 2010년 주주들에게 3%의 투자 손실을 입히고 일부 공장의 문까지 닫게 만든 주인공인 당시 CEO 케빈 샤러Kevin Sharer에게 2011년 연봉으로 2100만 달러를 주기로 결정했다. 이는 전년 연봉인 1500만 달러에 비해 무려 37%나 인상된 금액이었다. 기사에 따르면 기업 경영진(미국 50대 기업에서 각 기업마다 최고 연봉을 받는 상위 세 명의 C레벨을 대상으로 집계)의 연소득은 지난 1970년부터 2005년까지 430% 증가했다. 이는 같은 기간 기업의 매출액 증가율인 250%를 크게 넘어서는 수치다. 더 놀라운 사실은, 같은 시기에 일반 근로자들의 임금 증가율은 물가상승률에도 미치지 못하는 26%에 그쳤다는 것이다. 심지어 이는 과거의 통계치로 현재 기준으로는 그 차이가 더욱 벌어졌다.

C의 부는 시장의 수요를 반영한다

왜 이런 현상이 일어나는 걸까? CEO의 임금 증가에 대해 종래에 가장 그럴듯하게 받아들여졌던 이론은 '주주-대리인 이론(Agency Theory)'이다. 주주들이 CEO의 경영활동을 제대로 감시하지 못해 주주들에게 돌아가야 할 이윤을 CEO가 임금의 형태로 가져간다는 경영진 참호구축(Managerial Entrenchment) 또는 지대추구(Rent Seeking) 이론이다. CEO에게 너무 많은 임금이 돌아가는 현상의 원인을 기업의 지배구조에서 찾은 것이다.

하지만 뉴욕대학교 교수 사비어 가베이Xavier Gabaix와 프랑스의 툴루스대학교 교수 오귀스탱 랑디에Augustin Landier는 이 이론에 강한 의문을 제기한다. 이들은 아무리 기업의 지배구조가 나쁘더라도 CEO가 이렇게 엄청난 돈을 주주 몰래 지속적으로 훔쳐 가는 게 가능하냐고 반문한다. 최근 30~40년간 미국 기업들의 지배구조는 꾸준히 개선되었고, 연금이나 사모펀드 등 전문 투자기관이 주주로 참여하면서 CEO들은 과거보다 훨씬 더 철저히 감시를 받고 있다. 즉, 주주의 승인하에 여전히 많은 돈을 받아가고 있는 것이다.

가베이와 랑디에는 종래의 이론에서 벗어나 아주 간단하지만 강력한 주장을 내세웠다. '임금은 힘power을 반영하고, C레벨의 힘은 그가 좌지우지할 수 있는 자원의 규모에 의해 결정되며, 시장은 능력 있는 C레벨을 찾아 경쟁을 벌인다'는 내용이었다.

예를 들어 월마트의 CEO가 받는 임금은 월마트의 시장가치뿐만 아니라 다른 기업들의 시장가치에도 영향을 받는다. 우선 CEO는 기업 전체의 자원을 조절하고 배분하는 역할을 맡기 때문에 월마트의 규모가 커질수록 자연히 CEO의 중요성도 커진다. 만약 월마트의 CEO를 다른 기업들이 탐낸다고 하면 그 기업들은 월마트의 CEO에게 더 높은 연봉을 제안할 것이다. 그러면 다시 월마트는 그를 붙잡기 위해 경쟁 기업보다 조금이라도 더 높은 연봉을 주어야 할 것이다. 즉, 특정 기업의 우수한 C레벨은 다른 기업들의 시장가치에도 영향을 받는 동시에 그 기업이 속해 있는 산업군 전체의 임금 구조에도 영향을 끼친다.

《동아비즈니스리뷰》에서 소개한 한 논문에 따르면, '자기 기업의 규모가 7배 증가하고 다른 기업의 규모가 7배 증가하면 CEO의 임금도 7배 증가해야 한다'는 이들의 주장은 1992년부터 2004년까지 매년 미국에서 연봉 상위 1000명 안에 드는 CEO들의 자료를 분석하자 사실로 입증됐다. 이 기간 동안 CEO들의 임금 상승 추이는 자기 기업 및 다른 기업들의 시장가치 상승 추이와 정확하게 일치했던 것이다.

반면 개별 기업의 지배구조를 나타내는 지표$_{\text{G-index}}$와 CEO 임금 상승의 상관관계는 매우 약하게 나타났다. 저명한 경제학자이자 『맨큐의 경제학』의 저자로 유명한 그레고리 맨큐Gregory Mankiw는 이들의 이론이 재무 분야의 새로운 전환점을 만들었다고 극찬했다.

가베이와 랑디에는 최근 20~30년간 미국 경영자 시장에 나타난 근본적인 변화에 주목했다. 이 변화는 '기업들이 C레벨에게 어떤 능력을 요구하는가?'라는 질문과 매우 밀접한 관계가 있다. 기본적으로 임금은 수요와 공급에 의해 결정된다. 특정인을 원하는 기업이 많아질수록 그에게 제시되는 임금도 올라가기 마련이다. 하지만 시장에 그와 비슷한 조건을 가진 사람이 많다면 임금은 자연히 떨어질 수밖에 없다.

예를 들어 자동차 업계에서 자동차에 대한 전문 지식에 가장 큰 가치를 두어 이 분야에서의 경력이 긴 CEO를 원한다고 가정해보자. A라는 CEO가 GM에서 훌륭한 성과를 내고 있다면 포드 등 다른 자동차 회사에서도 그를 영입하려고 할 것이다. 이때 A라는 CEO에 대한 영입 경쟁은 자동차 업계로 제한된다.

반면 CEO에게 요구되는 능력이 자동차에 대한 전문 지식뿐만 아니라 일반적인 조직 경영 능력(General Knowledge)으로까지 확대된다면 이야기가 달라진다. 이럴 경우 A가 '어떤 산업에서 일했느냐'가 아니라 '그가 (GE라는) 큰 조직을 훌륭하게 이끌었다'는 경영자로서의 능력이 중요해질 것이고, 포드뿐 아니라 월마트 같은 유통 기업이나 메릴린치 같은 투자은행 등 완전히 다른 분야의 기업들도 경쟁적으로 A를 영입하고자 할 것이다. 우수한 C레벨을 탐내는 회사들이 분야를 초월해 늘어나는 것이다. 재능 있고 그 재능을 실적으로 증명해낸 CEO, 나아가 C레벨의 임금이 오를 수밖에 없는 이유다.

앞서 C레벨이 되고자 하는 이들은 경영자로 진화해야 한다고 말했다. 이런 현상을 보면 그 이유를 짐작할 수 있다. 거의 대부분의 기업이 뛰어난 경영 능력을 공통적으로 원하기 때문에, 경영 능력은 직무와 시장을 초월해 모든 경제 세계에서 가장 경쟁력 있는 자질이 되었다. 이에 따라 그 능력을 입증한 사람이 가지는 부의 가치는 천문학적으로 치솟았다. 결국 CEO에게 가장 중요한 역량이 '전문 지식'에서 '경영 능력'으로 바뀌면서 그들의 몸값이 올라간 것처럼, CEO 외의 C레벨들도 역시 같은 이유로 몸값이 점차 천문학적으로 올라갈 수 있다는 것이다.

요약하자면 C레벨이 천문학적인 임금을 받는 이유는 경영 부실이나 도덕적 해이가 만든 참극이 아니다. 모든 기업이 C레벨의 능력을 간절히 원하기에 응당 그렇게 된 것이다.

'수요와 공급의 원칙'은 경제 메커니즘의 기본이다. 수요와 공급이 얼마나 많고 적은지에 따라 시장 가격이 결정된다. C레벨의 세계도 이와 같다. 시장의 욕구는 점차 C레벨에게로 집중될 것이 분명하다. 앞으로 C레벨의 연봉이 천문학적인 금액으로 치솟는다 해도 이는 그리 놀랄 일이 아닐 것이다.

C의 부는 시장의 크기를 반영한다

C레벨이 얻는 부를 논하기 위해 마지막으로 하나 더 짚고 넘어가야 할 점이 있다. 바로 그가 소속된 시장의 크기다.

농구선수 마이클 조던Michael Jordan을 예로 들어보자. 그가 만약 한국 프로농구KBL에서 뛰었다면 연봉을 얼마나 받을 수 있었을까? 그가 미국 프로농구NBA에서 뛰었든 한국 프로농구에서 뛰었든 그의 천부적인 능력은 크게 다르지 않았겠지만, 누구나 쉽게 예상하듯 연봉은 엄청나게 달랐을 것이다. 미국 프로농구 경기는 전 세계로 중계되고 이로 인해 소속팀 시카고불스가 얻는 수익은 상상 이상으로 크다. 학문적으로 설명하면 '능력 있는 사람(경제학적으로는 노동)'이 '어떤 팀(경제학적으로는 자본)'에서 활동하느냐에 따라 그가 만들어내는 가치의 차이가 크다는 뜻이다. CEO의 경우에 대입해봐도 똑같다. 능력 있는 CEO가 대기업을 운영할 때와 소규모 기업을 운영할 때 각각 만들어내는 기업의 가치도 크게 달라질 수 있다.

가령 B라는 CEO의 능력이 10이라고 하자. B가 운영할 기업의 현재 가치는 100이다. 능력과 기업의 현재 가치가 시너지를 일으킨다면 B가 만들 기업 가치는 각 값의 곱인 1000이 될 수 있다. 반면 C라는 CEO의 능력이 12라고 해보자. B와 C를 비교했을 때 둘의 능력은 2밖에 차이 나지 않는다. 하지만 C가 운영할 기업의 현재 가치가 200이라면, C가 이끌며 만들어낼 기업 가치는 12 곱하기 200이므로 2400이 된다. 작은 능력의 차이가 무려 1400의 기업 가치 차이로 증폭됐다. 단순한 계산이지만 소위 '슈퍼스타'로 추앙받는 C레벨이 탄생하는 이유를 설명할 수 있다.

같은 C레벨이어도 한국과 미국에서 그토록 연봉 격차가 심한 것도 위의 이유로 설명할 수 있다. 한국의 C레벨이 아직까지도 미국의 C레벨에 비해 비교적 낮은 급여(물론 일반 직장인들이 보기에는 이마저도 무척 높다)를 받는 이유는 C레벨의 능력 차이에만 기인하는 건 아니다. 2020년 GDP 기준으로 미국의 시장 규모는 한국의 13배가 넘는다. 이런 시장의 차이가 임금의 차이로도 이어진 것이다. 결국 C레벨은 자신이 얼마나 능력을 가지고 있는지뿐만 아니라 자신이 어떠한 국가, 어떠한 시장에 진출할 것인지에도 깊은 관심을 가져야 한다. 같은 분야라면 좀 더 큰 규모의 회사를, 다른 분야라면 돈이 집중돼 있는 분야를, 그리고 이왕이면 시장 규모가 좀 더 큰 국가를 관찰하는 노력은 자신의 몸값을 올리는 데 결정적인 트리거가 될 수 있다.

앞서 이야기했듯이 모든 경제의 이치는 수요와 공급의 논리로 귀결된다. C레벨 또한 마찬가지다. C레벨은 의사결정을 통해 성과를 내는 사람이고, C레벨의 연봉에는 과거의 실적에 대한 보상과 미래에 만들어낼 가치에 대한 기대가 모두 포함돼 있다. 단지 당장 눈앞에 있는 성과가 좋다는 이유로 C레벨을 영입하려는 기업은 없을 것이다.

C레벨의 진정한 존재 가치는 미래에 있다. 대부분의 기업이 미래에 얼마나 큰 성과를 내고, 높은 가치를 창출해낼지를 기대하며 C레벨을 영입하기 때문이다. 즉, C레벨에게는 단지 과거에 낸 성과를 입증할 뿐인 이력서보다는 미래에 얼마나 높은 가치를 창출해낼지 보여줄 수 있는 'C의 유전자'가 더 큰 무기가 된다. C의 유전자란 것은 C레벨로서 회사는 물론 자기 자신을 지금보다 훨씬 더 높은 곳으로 끌어올릴 수 있는 가능성 그 자체다.

그저 막대한 부가 삶의 최종 목적은 아닐 것이다. 그러나 당신이 그 삶의 최종 목적을 이룰 수 있도록 이끄는 가장 확실한 동기 부여가 '부'라는 사실을 부정할 수는 없다. 이제 다음 장에서는 본격적으로 우리가 갖춰야 할 'C의 유전자'에 대해 자세히 파헤쳐볼 것이다. 부디 이 유전자를 당신의 것으로 만들기를 바란다. 지금까지 말했던 모든 부와 의사결정에 대한 특권이 먼 이야기가 아닌 당신이 잡을 수 있는 실체가 되길 기대하며 이 장을 마친다.

PART 3
직언

C는 어떻게 자신의 할인율을 제거했을까

리스크를 넘어서서 리스크를 자기 마음대로 이용하며,

성장을 위한 도구로 쓰는 것.

그것이 자신의 할인율을 낮춰

상상할 수 없을 만큼 막대한 부를 거머쥐는 방법이다.

할인율 제거의 핵심은 초월이다

이 책의 PART 1에서 당신에게 주고 싶었던 것은 '욕구'였다. 직장을 다니면서도 자기가 원하는 수준의 부와 삶을 누릴 수 있다는 가능성, 그 가능성을 향한 욕구가 당신에게도 생기길 바랐다.

PART 2에서 주려고 한 것은 '정보'였다. C레벨이라는 세계의 정체와 종류, 그리고 그것이 생겨난 이유와 그들이 받는 보상을 알려줌으로써 C레벨을 둘러싼 전반적인 상황에 대한 지식을 쌓게 해주고 싶었다.

마지막으로 이 장에서는 당신이 가장 알아야 하는 것에 대해 말하려 한다. 진정한 C레벨들이 공통적으로 가지고 있는 특성과

C레벨이 될 수 있는 자격, 결국 'C의 유전자란 무엇인가?'에 대한 이야기다.

이 장을 관통하는 질문은 바로 이것이다.

'어떤 유전자를 개발해야 C레벨에 도달할 수 있는가?'

지금부터 그 질문에 대해 대답하려고 한다.

사실 C레벨이 등장한 지는 꽤 되었지만 그 기간에 비해 학문적인 연구는 많이 진척되지 않았다. 경영진이 받는 보상이나 직원에게 요구되는 역량을 다룬 연구에 비하면 C레벨의 역량 자체에 대한 연구 결과는 턱없이 부족하다. C의 유전자에 대한 공인된 이론이나 법칙이 아직 존재하지 않는다는 것이다.

그럼에도 수많은 전문가나 연구 기관에서 C레벨의 자격에 대해 다양한 견해를 내놓고 있기에, 이를 통해 C의 유전자를 유추해보고자 한다.

가령 B2B 국제 송금 플랫폼 '커런시클라우드'의 CTO 에드 아다리오Ed Addario는 C레벨의 핵심 과업을 '입증'이라고 말했다. 여기서 말하는 입증이란, 실적과 같은 물리적인 지표를 넘어 사업 전반에서 신뢰받는 조언가임을 스스로 증명할 수 있어야 한다는 뜻이다. 기술 분야에서 최고의 실력을 입증한다 해도 보여줄 수 있는 게 그것뿐이라면 그 끝은 임원에 지나지 않는다. 아다리오는 임원과 C레벨은 분명 다르다는 사실을 정확히 인지하고 있었고, 따라서 C레벨에 도달하려면 기술의 입증을 넘어 또 다른 증명이 필요하다고 내다본 것이다. 그는 C레벨이 되고 싶어 하는 이들에게 비즈니스 기술 획득, 다른 리더를 통한 배움, 영역의 확대, 라이선스 관리, 주도성 키우기, 적응 탄력성, 신뢰 형성, 정치력 등 여덟 가지 자질을 제안했다.

에너지 AI 전문 기업 '인코어드테크놀로지스'의 CEO이자 전 'LS산전' 사장 최종웅 대표는 "C레벨은 언제든지 CEO가 될 수 있는 사람들"이라고 말하며 회사의 입장에서 바라본 C레벨의 조건을 이야기했다. '진심으로 회사를 사랑하고 걱정하는 사람', '자기 자신의 영예에 얽매이지 않고 회사와 조직을 위해 분명한 가치와 성과를 만드는 사람', '회사와 직원들 사이의 균형이 유지된다는 전제로 공동체 입장에서 가치와 목표를 공유하고 전파할 줄 아는 사람', '문제만 제시하지 않고 그 문제를 해결할 줄 아는 솔선수범형 사람', '정직한 사람', '조직원들에게 기회를 나눠 주며 성장시킬 줄 아는 사람', '자신의 실력을 기반으로 혁신을 실천하려는 사람(실패에 대한 책임에도 두려움이 없는 사람)'이 그것이다. 에드 아다리오와 마찬가지로 '경영자로서의 자질'을 강조한 것이다.

그런가 하면 '벤델타'의 공동 창업주인 앤서니 미첼Anthony Mitchell은 또 다른 주장을 펼쳤다. 그는 '퍼텐셜로지'라는 이름의 가상 경영 연구소를 설립했는데, 이곳에서 체스 챔피언 망누스 칼센Magnus Carlsen, 올림픽 금메달리스트 수영선수 사라 요스트룀 Sarah Sjöström, 철인 3종 경기 6회 우승자 트레버 헨디Trevor Hendy 등 해외 유명인들의 정신 행동적 루틴을 분석했다. 한 분야의 정점까지 오른 사람들의 정신과 행동에는 그럴 만한 이유가 있을 것이며, 이를 경영에 적용시키면 C레벨의 본질을 발견할 수 있을 것이란 믿음 때문이었다. C레벨에 오른 유능한 엘리트들을 '세상에 큰 족적을 남긴 위대한 인물들'과 동급으로 바라본 것이다.

앤서니 미첼은 이 분석을 통해 C레벨이 되기 위해 갖춰야 할 역량으로 여섯 가지의 C, 즉 '6C'를 제안했다. 6C란 'Capacity(역량, 주로 변화 대응 탄력성)', 'Change agility(변화에 대한 민첩성)', 'Collaboration(협력, 여러 관점을 통합하는 능력)', 'Connection(연결, 공감 능력)', 'Choice(선택, 훌륭한 의사결정 능력)', 'Creativity(창의성, 틀에서 벗어나 생각하는 능력)'이다.

그는 회사에서 다양한 의사결정을 할 때 이 여섯 가지 능력을 각각의 경우에 따라 비중을 달리하며 자유자재로 적용할 수 있을 때 비로소 C레벨로서 역할을 할 수 있다고 주장했다. 특히 그의 이론에서는 6C가 모두 동등하게 중요한 게 아니라 기업의 상황과 비전에 따라 각 능력의 가중치가 달라진다는 점이 흥미롭게 받아들여진다.

다양한 분야에서 C레벨에 대한 연구가 활발하게 진행되고 있다는 것은 앞으로 C레벨이 경영의 주축이 될 것이라는 방증이기도 하다. 그렇다면 지금 최전선에서 활약하고 있는 C레벨은 어떤 유전자를 지니고 있을까?

이 책에서 다룰 이야기가 단순한 주장에 그치지 않고 대다수의 평범한 직장인도 인정할 정도의 보편성을 가지길 바랐다. 이를 위해 기존에 있던 여러 의견들을 분석하고, 세계적으로 우수한 C레벨들의 사례를 다양하게 조사했다. 기존에 알려진 사례나 이론만으로 설명하기에 다소 부족한 경우, 다양한 영역에서 현역으로 활동 중인 다수의 국내 C레벨을 직접 인터뷰했다. 그렇게 만들어진 이론과 지식에, C레벨을 역임하며 경험했던 두 저자의 인사이트를 더해 이 장을 완성했다.

그래서 이 책은 '지극히 현실적인' 이야기만을 전한다. 아무리 그럴듯하더라도 당장 내가 살고 있는 세계에 적용할 수 없는 이론이라면 그것은 탁상공론에 불과하기 때문이다.

우리의 현실은 염세주의자의 냉소와 낙관주의자의 희망 사이 어디쯤에 존재한다. 무작정 비관적일 필요는 없지만, 그렇다고 해서 희망만 가득 찬 낙관적인 이야기가 현실에 도움이 되는 것도 아니다. 그래서 이 책은 현실에 존재하는 다양한 불가항력적인 상황들을 최대한 객관적이고 솔직하게 들여다보고, 그런 상황들 안에서도 C레벨로 올라설 수 있는 현실적인 역량과 가치를 담으려 했다.

이런 과정을 거쳤기에 이 장을 완성하는 데는 생각보다 오랜 시간이 걸렸다. 하지만 그만큼의 시간과 정성이 있었기에, 여기에 담긴 C의 유전자를 자신의 것으로 만들 수 있다면 누구나 C레벨에 도달할 수 있다는 확신도 가질 수 있었다.

C의 유전자의 핵심은 PART 1에서 말했던 가치의 공식 중 R, 즉 리스크의 개념을 이해하는 것이다. C레벨이 막대한 V(가치)를 인정받을 수 있는 까닭은 리스크가 0에 가까울 정도로 낮아진 덕분이다. 그렇다면 우리가 할 수 있는 질문은 크게 두 가지다.

첫째, 무엇을 리스크로 바라볼 것인가?

둘째, 리스크가 낮아진다는 건 어떤 의미인가?

첫 번째 질문에 대한 답은 기업이 쥐고 있다. '기업이 무엇을 성장의 리스크로 보느냐'가 C레벨이 제거해야 할 리스크가 되기 때문이다. 기업이 무엇을 경계하고, 또 무엇을 가장 해결하고 싶어 하는지를 알아야 리스크가 무엇인지도 알 수 있다. 기업은 그 리스크를 극복한 인재에게만 C레벨로서의 자격과 권한을 부여한다.

기업의 관점으로 볼 때 기업 운영의 최대 리스크는 크게 다섯 가지로 정리할 수 있다. '결정', '자만', '운용', '평판', '협상'이 바로 그것이다. 자세히 말하자면 기업은 '성장을 저해하는 잘못된 결정과 그로 인한 손실', '만족 상태에서 오는 정체', '운용 능력 부재로 인한 실행력 감소', '악담이 불러오는 생산력 감소', '빅딜 앞에서의 협상력 부재'를 가장 큰 리스크로 평가한다.

이를 역으로 생각하면, 기업이 C레벨로 어떤 사람을 원하는지 알 수 있다.

첫째, 스스로 기업에 올바른 길을 제안할 수 있는 사람.

둘째, 만족하지 않는 사람.

셋째, 성공적 과업 달성을 위해 다른 이들을 운용할 수 있는 사람.

넷째, 평판을 관리할 수 있는 사람.

다섯째, 협상을 가장 유리한 방향으로 이끌어내는 사람.

기업은 바로 이런 조건을 갖춘 사람들이 C레벨의 자리에 오르길 원한다. 이 다섯 가지를 중심으로 C의 유전자에 대한 이야기를 하려 한다.

셀 수 없는 시간과 정성을 들여 이 다섯 가지 요소를 발견했기 때문에, 이 요소들이 C레벨이 되는 데 분명 강력한 무기가 될 것이라 확신한다. 하지만 이것만이 전부라고 생각하진 않는다. 미처 발견하지 못한 리스크가 존재할 가능성은 충분히 있으며, 변화하는 시대 상황에 따라 새로운 리스크가 생겨날 수도 있다. 가령 코로나19로 인한 팬데믹 이후 언택트 기업이 급부상하면서 산업의 판도가 크게 흔들렸듯이, 미래의 기업 경영에는 생각지도 못했던 요인이 리스크로 다가올 수도 있다.

그것을 발견하는 건 당신의 역할로 남겨두고 싶다. 만약 당신이 이 책에서 말하는 다섯 요소와 더불어 스스로의 시간과 정성을 들여 기업이 우려하는 또 다른 리스크를 발견한다면, 그리고 그 리스크를 제거해나감으로써 당신의 할인율을 더욱 낮춘다면 앞으로 당신이 가질 수 있는 부와 누릴 수 있는 권한의 크기는 한층 커질 것이다.

명함 위에 올라서야 할 때

흔히들 리스크에 대해 크게 착각하는 것이 하나 있다. 리스크를 '피해야 할 대상'이라고만 생각하는 것이다. 이런 생각을 하는 사람들은 리스크를 최대한 멀리 떨어뜨리려고 노력한다. 마치 리스크로부터 멀어질수록 리스크가 낮아질 것이라고 착각하며 말이다.

하지만 리스크는 피해야 할 대상이 아니다.

리스크는 피한다고 해서 결코 낮아지지 않는다.

리스크가 낮아진다는 것의 진정한 의미는 '리스크가 더 이상 나에게 위협이 되지 않는 상태에 이르는 것'이다.

위협이라 여기는 무언가로부터 가장 안전해지는 방법이 무엇일까? 위협 자체를 제어하고, 그 위협을 자기 마음대로 부릴 수 있는 존재가 되는 것이다. 그러한 경지에 이르면 지금까지는 내게 위협이 되었던 리스크를 오히려 나를 더 높은 곳으로 올려주는 도구로 활용할 수 있다. 결국 리스크를 낮춘다는 것은 '리스크를 부리게 된다'는 의미와 일맥상통한다.

C의 유전자를 자기 것으로 만들어 리스크를 부릴 수 있는 단계로 성장하는 것, 이것이 리스크를 낮춘다는 말의 진짜 의미다.

신입사원을 대상으로 한 기업 강연을 할 때 강연 주제와 상관없이 늘 이 말을 하곤 한다.

"명함 아래에 있는 사람이 되지 마라."

개그맨 전유성은 한 강연에서 수십 년 동안 개그맨 생활을 하면서 수많은 후배를 상대하다 보니, 잠깐만 봐도 이 후배가 어디까지 성장할 것인지가 보인다는 말을 했다. 마찬가지로 오랫동안 기업에서 인사 업무를 담당했던 사람들 중에도 이러한 '사람 보는 눈'이 특히 발달한 사람들이 있다. 한 인사 담당자는 한 시간 정도만 이야기를 나누어도 그의 미래가 그려진다는 말을 하기도 했다. 그의 눈에 어떤 신입사원은 임원까지 올라갈 것으로 보이는 반면, 또 누군가는 중간관리자 이상으로 올라가지 못할 것으로 보이기도 할 것이다. 후자의 경우가 바로 '명함 아래에 있는 사람'이다.

"여러분이 원대한 포부를 안고 이 회사에 입사한 지 3년이 지나 나와 다시 만났다고 가정해봅시다. 그때는 명함 뒤에 숨어 있으면 안 됩니다. 명함밖에 내세울 것이 없는 인생을 살지 마십시오. 그러면 당신의 인생은 거기서 끝입니다. 그 이상이 보이지 않을 것입니다. 성장도 멈추겠지요. 회사는 그런 사람을 더 이상 책임져주지 않습니다. 여러분이 속한 회사는 지금도 성장하기 위해 목숨을 걸고 뛰고 있습니다. 여러분은 회사보다 한 걸음 앞서야 합니다. 회사는 여러분이 '명함 위에 설 수 있다'는 사실에 베팅했습니다. 그게 바로 여러분들이 이 자리에 앉아 있을 수 있는 이유입니다. 그 베팅을 올바른 선택으로 만드십시오. 그 베팅이 당신의 현실이 되게 만드십시오. 거기에 여러분이 원하는 모든 미래가 있습니다."

명함만 내세우고, 오직 회사 이름으로만 자신을 증명하고 과시하며 살다 보면 결코 그 명함을 넘어서지 못한다. 그런 사람들은 시간이 지날수록 명함에 쓰인 회사의 이름값에 의지하고 거기에만 기댄다. 그러다 보면 수동적으로 일할 수밖에 없고, C레벨은커녕 임원까지도 올라가지 못한다. 회사는 명함 아래에 있는 사람에겐 결코 큰 기회를 주지 않는다. 냉혹하지만 이것이 현실이다.

회사는 적어도 명함과 자신을 같은 위치에 두는 사람에게만, 즉 회사와 동등한 수준의 가능성을 보이는 사람에게만 기회를 준다. 내 시간과 능력이 회사에 사용되는 만큼, 회사 역시 나에게 마땅한 대가를 지불해야 한다고 여기는 이들이 이 부류에 속한다. 그들은 자신과 회사를 대등한 위치로 여긴다. 아주 소수는 여기서 더 나아가 '명함 위'에 존재한다. 그들에게 회사란 모셔야 하는 상전도, 동등하게 여기는 파트너도 아니다.

그들에게 회사란 자신의 성장을 위해 마음껏 이용할 수 있는 도구다. 누군가는 이렇게 반문할 수도 있다. '이런 생각을 가진 조직원들을 회사가 괘씸하게 생각하지는 않을까?'

일원수직구조를 취했던 기업들의 '옛 규칙'에만 익숙해져 있는 사람들이라면 그렇게 생각할지도 모른다. 하지만 회사는 명함 위에 올라설 사람들을 붙잡기 위해 안간힘을 쓰고 있다. 기업이 지금까지 만들어놓은 훌륭한 유무형의 자산을 활용해 자신의 성장을 도모하는 사람이야말로 더욱 크게 성장할 수 있으며, 그런 조직원을 사내에 두면서 성장시키는 것이 곧 기업의 이윤으로 직결됨을 깨달았기 때문이다.

이전처럼 모든 직원을 열심히 가르치는 것만으로는 효율적인 성장을 기대하기 어렵다. 그래서 기업도 '명함 위에 존재할' 가능성이 보이는 직원들에게 더욱 동기를 부여해주고, 그들의 성장에 더 힘을 기울이는 방식을 취하고 있다.

"평생직장 따위는 없다. 성공해서 떠나라!"

'배달의민족' 서비스 운영사인 '우아한형제들' 사무실의 한쪽 모퉁이 벽에 적혀 있는 글귀다. 그것도 입사 면접을 보는 공간에 떡하니 자리 잡고 있다. 우아한형제들은 왜 이런 문구를 보란 듯이 써놓았을까? 이것이 회사의 성장에 도움이 될까?

우아한형제들을 비롯해 수많은 유니콘 기업의 고문을 맡아온 박용후 피와이에이치 대표는 이 문구의 의미와 파괴력이 매우 크다고 말하며 다음과 같이 설명했다.

"이 말은 요즘 젊은 세대의 특성을 제대로 꿰뚫고 있습니다. '엔씨소프트'의 김택진 대표는 '요즘 세대는 애늙은이'라고 표현했습니다. 인터넷과 동영상, 검색이 일상화된 환경에서 성장해온 그들의 지식 양은 지금 기성세대가 그 시절에 갖고 있는 것과는 엄청난 차이를 보인다는 것이지요. 그래서 이미 아는 것이 많은 그들에게는 '가르친다'는 관점으로 접근해서는 안 되며, 기성세대가 그들을 '어떻게 수용할 것인지'의 관점으로 접근해야 한다고 말했습니다. 저도 이 의견에 공감합니다. 막스 베버Max Weber, 헨리 포드Henry Ford, 프레더릭 윈즐로 테일러Frederick Winslow Taylor의 이론으로 대변되던 기업 운용의 경제 원칙이 완전히 바뀌고 있는 지금, 젊은이들이 직장으로써 회사를 바라보는 관점 역시 크게 바뀌고 있습니다. 신입사원으로 입사해 대리·과장·부장·임원으로 승진하는 성장 시스템은 그 의미가 퇴색되고 있습니다. 한 회사에 입사해 차근차근 단계를 밟아가며 성장하던 시스템은 붕괴되고 있고, G세대의 성장 생태계도 크게 바뀌고 있지요."

즉, 단계를 밟아 승진하며 한 회사 내에서 성장하던 시스템은 이미 과거의 것이 되었고, 입사한 회사를 '떠나는 것'이 당연해진 젊은 세대에게는 '성공해서 떠나라'라는 말이 강력한 동기부여로 작용한다는 것이다.

리스크를 대할 때도 회사를 대할 때와 비슷한 태도를 취해야 한다. '리스크 아래'에 있어서는 안 된다. 리스크를 넘어서서 리스크를 자기 마음대로 이용하며, 자신의 성장을 위한 도구로 쓰는 것. 그것이 리스크로부터 자유로워지는 것이고, 자신의 할인율을 낮춰 상상할 수 없을 만큼 막대한 부를 거머쥐는 방법이다.

지금부터는 당신이 리스크를 초월해 C레벨로 올라설 수 있도록 해줄 다섯 자질, 'C의 유전자'를 알려줄 것이다. 그리고 이 자질들을 당신의 무기로 개발하기 위해 어떤 전략과 행동들이 필요한지 설명할 것이다.

다만 이를 아는 것에만 그쳐서는 안 된다. 당신을 C레벨까지 올려줄 도구로 삼아 자유자재로 활용할 수 있을 만큼 능숙해져야 비로소 'C의 유전자를 내재화했다'고 할 수 있다.

• 오판의 초월 •

C는 빠르게 결단하는 존재다

삼성, LG, 현대, SK, 카카오, 네이버……. 이름을 들으면 누구나 알 만한 거대 기업들은 모두 각기 다른 분야에서 다른 방식으로 성장했다. 그럼에도 면밀히 살펴보면 이 기업들을 관통하는 공통점을 발견할 수 있다. 그들 모두 한때 중대한 선택의 기로에 놓여 고민한 적이 있었다는 것이다. 그리고 그때의 선택은 기업의 흥망성쇠를 좌우하는 아주 중요한 시발점이 되기도 했다.

절체절명의 기로에서 내린 선택이 '신의 한 수'가 된 기업도 있다. 대표적인 사례가 고 이건희 회장이 이끈 삼성그룹이다. 이건희 회장은 중공업을 필두로 성장하던 삼성그룹에 반도체 사업을 시작해야 한다고 강하게 주장해 그 의견을 관철시켰다. 그리고 바로 이 선택이 오늘날의 삼성전자를 만들었다.

반면 어떤 선택은 한 기업의 역사에 남을 최악의 오판으로 평가받으며 두고두고 회자되기도 한다. 공교롭게도 이 역시 대표적인 사례가 삼성전자다. 삼성전자는 안드로이드 인수라는 절호의 기회를 스스로 걷어차는 최악의 오판을 남겼다. 안드로이드 운영체제를 개발한 앤디 루빈Andy Rubin은 2005년 운영하던 회사에 자금난이 심각해지자 삼성을 찾아가 인수를 제안했다. 하지만 삼성전자의 임원들은 직원이 불과 여섯 명밖에 되지 않는 영세 기업이 만든 운영체제의 가능성을 믿지 않았다. 심지어 믿지 않음을 넘어 의아함을 감추지 못했다.

"You and what army are going to and create this? You have six people, Are you high?(당신들 여섯 명이 이걸 만들어낼 거라고요? 당신들 제정신인가요?)"

훗날 앤디 루빈이 인터뷰에서 밝힌 바로는 당시 삼성전자의 한 임원은 이렇게 반응했다고 한다. 결국 루빈의 안드로이드는 2주 뒤 구글에 5000만 달러에 인수됐다. 그리고 현재 그들이 개발한 안드로이드 운영체제는 한국에서만 매년 약 17조 원의 경제적 가치를 창출하는 세계 최고의 기술이 되었다.

해외에서의 가장 대표적인 오판 사례는 코카콜라를 들 수 있다. 코카콜라의 경영진은 가장 큰 경쟁사인 펩시를 인수할 기회가 있었음에도 이를 거절했다. 그것도 무려 두 번이나 말이다.

지금은 모두가 알고 있는 음료회사 펩시는 1898년 미국 노스캐롤라이나주에서 약국을 운영하던 약사 케일럽 브래드햄Caleb Bradham이 만든 브랜드다. 1920년 펩시의 설탕 선물 계약은 설탕 실물의 엄청난 가격 하락으로 인해 펩시에 큰 손실을 안겼다. 막대한 자금난으로 도산 위기에 몰린 펩시는 코카콜라에 자신의 회사를 인수할 것을 제안했다. 하지만 당시 코카콜라의 경영진은 이를 단칼에 거절했다. 이미 최고의 위치에 올라 있는 자기들이 굳이 망해가는 회사를 살 이유가 없다는 것이었다. 이후 1931년에 펩시는 다시 한번 코카콜라에 인수를 제안했지만 이때도 역시 거절당했다. 두 번이나 인수를 거절당한 펩시는 이를 갈고 '반값 전략'이라는 배수진을 치며 콜라 시장에서의 점유율을 14%까지 끌어올렸다. 이는 펩시에게 큰 성장의 모멘텀이 되었고, 이후 최고의 마케팅으로 손꼽히는 '콜라 맛 비교 캠페인'을 통해 명실상부한 코카콜라의 최대 경쟁사로 부상했다. 2020년 12월 기준 펩시의 시가총액은 약 221조 원으로, 코카콜라(약 251조 원)와 30조 원 정도밖에 차이 나지 않는다.

레고의 재기, 소니의 몰락

기업이 위기에 닥쳤을 때 이들을 구원하는 가장 큰 무기 중 하나는 '그 기업의 C레벨이 내리는 결정'이다. 위기 상황에서 그들이 내리는 결정 하나가 기업의 생존을 결정짓기 때문이다. "나를 죽이지 못한 모든 고통은 결국 나를 성장시킨다"라는 니체의 말처럼, 큰 위기는 기업이 완전히 사멸하는 계기가 되기도 하지만 경우에 따라서는 그다음 성장을 위한 발판이 되기도 한다. 탁월한 결정으로 위기를 기회로 바꾼 대표적인 사례 중 하나가 바로 '레고'다.

1932년 덴마크의 목수 출신 커크 크리스티안센Kirk Kristiansen이 만든 레고는 1990년대 이전까지 장난감계의 절대 강자였다. 하지만 1990년대 후반부터 비디오와 컴퓨터 게임이 등장하면서 매출이 급격히 줄어들었고, 결국 파산 직전까지 내몰렸다. 실제로 레고는 1998년에 최초로 적자를 기록했고, 몇 년 뒤인 2004년에는 약 2400억 원의 적자를 입었다. 이때 레고의 부채는 무려 6800억 원에 달했다.

이 위기를 극복하기 위한 레고의 선택은 '혁신'과 '본질' 두 가지였다. 먼저 창업가 일가가 경영 일선에서 물러나고, 맥킨지앤드컴퍼니 컨설턴트 출신인 30대의 젊은 전문 경영인 예르겐 비크누스토르프Jorgen Vig Knudstorp를 새 CEO로 영입했다. 이후 회사 자산의 70%를 사모펀드에 매각해 팔리지 않는 사업과 돈이 되지 않는 사업들을 모두 정리하는 혁신을 단행했다. 이렇게 폭풍 같은 혁신을 치른 후 크누스토르프가 선택한 전략은 '본질로의 집중'이었다. '장난감'의 본질에 집중하기 시작한 것이다.

이들은 '아이들이 어떤 장난감을 좋아하는가?'가 아닌 '아이들에게 놀이란 무엇인가?'를 고민했다. 그 결과 레고는 지금까지 그들이 해온 것과는 정반대의 결론에 도달했다. 아이들은 화려하지만 만들기는 쉬운 장난감을 좋아하는 게 아니라, 복잡하고 어려워서 많은 창의성과 긴 시간을 요하는 장난감에 흥미를 느낀다는 사실을 발견한 것이다. 이 사실을 깨달은 후 레고는 '성취감'을 장난감의 본질로 규정하고, 보다 복잡하고 정밀한 제품을 시장에 선보였다.

크누스토르프의 이런 선택은 레고에게 매우 중요한 부가 이익을 안겨주었다. 복잡하고 정교해진 레고에 아이들은 물론, 어른들까지 열광하기 시작한 것이다. 덕분에 '키덜트'라 불리는 새로운 고객층이 생겨났다. 이들은 복잡하고 정교한 고가의 레고를 사들이며 매출을 견인했다. 주 고객층을 아이를 넘어 어른으로까지 확장시킨 것이다. 이후에도 레고는 자신들이 발견한 장난감의 본질을 더욱 확장하는 방향으로 사업을 이어갔고 완벽하게 재기할 수 있었다. 2014년에 이르러서는 파산 위기에 내몰렸던 2004년에 비해 약 다섯 배나 높은 매출을 기록했다. C레벨의 탁월한 의사결정이 한 기업을 어떻게 구원하는지를 보여주는 좋은 사례다.

물론 이와 반대로 위기 상황에서 오히려 최악의 선택을 해 그 위기에서 아예 헤어 나오지 못한 기업도 많다. 가장 대표적인 사례가 '소니'의 몰락이다.

1990년대까지 소니는 적수를 찾을 수 없는 전 세계 최고의 전자 기업이었다. 소니가 만든 '워크맨'은 사람들의 라이프스타일을 바꿔놓았고, 새로운 제품을 출시할 때마다 수많은 이가 기다렸다는 듯 열광했다. 당시 소니의 메인 슬로건이었던 "It's a sony(이게 소니야)"라는 말이 전혀 과해 보이거나 오만해 보이지 않을 만큼, 그야말로 세상은 '소니 천하'였다.

하지만 2000년대에 들어 아이리버의 MP3 플레이어를 비롯해 애플의 아이팟 등 워크맨을 대체할 수 있는 제품들이 새로운 라이프스타일을 표방하며 시장에 등장하기 시작했다. 강력한 기능과 새로운 감성으로 무장한 경쟁사의 등장은 소니의 입장에서 분명 위기였을 것이다. 이 위기 속에서 소니의 C레벨들은 굳세게 최악의 선택을 이어갔다. 그 오판의 중심에는 스스로에 대한 과신과 일본 관료제 특유의 '안전 제일주의'가 있었다.

이들은 새로운 제품군이 등장하고 새로운 시장이 생겨나도 이에 주목하고 탐색하려는 시도는 하지 않고, 자사가 지금까지 만들어놓은 영광에만 심취해 있었다. 회사 밖에서는 계속 새로운 기술이 만들어지고 공유되는데, 소니는 이를 무시하고 오히려 자사 기준을 중심으로 한 규격 표준화에 매진했다. MP3의 가능성을 인정하기보다는 'MD(Mini Disk)'라는 새로운 저장 매체를 상용화하려 애썼고, 영상 장치들의 연결 단자 모양이나 데이터 전송 방식 등 영상 처리 기술의 세계 표준화 규격을 받아들이지 않고 자사가 만든 규격만 고집했다.

결과적으로 소니의 다양한 전자제품과 기술 규격들은 타사의 제품과 연동되지 못했다. 소니가 스스로 '갈라파고스화'를 선택해 과거에 매몰되어버린 것이다.

이에 따라 대중은 조금 질이 떨어지더라도 호환성이 보장되는 타사의 제품들로 갈아타기 시작했다. '소니의 제품이 최고이므로 대중은 계속 소니를 따라올 것이다'라는 소니 경영진의 판단은 명백한 오판이 된 셈이다.

그들의 실수는 여기서 끝나지 않았다. 1990년대 후반 일본 기업으로는 드물게 가업 승계식 경영 구조에서 탈피해 전문 경영인 체제를 표방한 소니는 경영진에 대한 새로운 평가 기준으로 'EVA(경제적 부가가치)'를 도입했다. 이 기준은 주주에 대한 기여도(주주의 요구 수익률까지 넘어서는 부가가치)까지 고려한다. 이처럼 회계 결산 자료와 자본에 대한 현 시점의 기회비용을 평가 기준에 포함시키다 보니 평가는 단기 이익 중심이 되었고, 그 결과 소니의 경영진은 단기적인 영업이익을 늘리는 행위에만 집중하게 되었다. 장기적인 기술 개발과 비전 같은 비재무적 지표를 균형 있게 고려하지 않고, EVA 같은 재무적 지표만 고려함으로써 경영자들이 당장 눈앞에 있는 이익만 쫓도록 만든 것이다.

물론 잠깐 동안은 재무적으로 높은 성과를 냈다. 그러나 시장의 변화와 장기적인 성장 가능성에는 전혀 신경 쓰지 않으면서 소니의 브랜드 가치는 점차 추락했다. 브랜드 가치가 추락하니 영업이익도 줄었고 당연히 혁신에 쓸 예산도 부족해졌다.

그렇게 소니는 변화하는 세계 시장과 기준은 무시한 채 자사의 기준만을 고집했고, 단순히 구조적인 것에서만 미국을 따라하기에 급급했다. 잘못된 평가 구조를 도입해 경영진이 단기적인 실적에만 집착하게 만든 것도 큰 패착이었다. 이런 악순환이 반복되면서, 소니는 어느 순간 '혁신의 아이콘'이라는 이전의 모습과는 멀어지게 되었다. 한때 세계 브랜드 가치 1위에 이름을 올렸던 소니의 현재 브랜드 가치는 2020년 '인터브랜드'의 브랜드 가치 조사 기준으로 51위에 불과하며, 북미에서의 소니 TV 점유율은 1% 남짓이다. 한때는 세계를 주름잡았던 브랜드의 초라한 몰락이다.

훌륭한 조언가 한 명이 기업을 구원한다

소니의 몰락은 일본 특유의 관료주의가 기업에 전염되었을 때 어떠한 결과를 보여주는지 여실히 드러낸다. 이는 특정한 C레벨의 문제가 아니라 일본이라는 사회 전반에 깔려 있던 문제이기 때문에, 몰락의 책임이 특정한 누군가에게 있다고 말하기는 어렵다. 하지만 그 몰락의 시작점에서 레고의 크누스토르프 같은 CEO를 영입했더라면, 혹은 삼성그룹 이건희 회장의 인사이트를 사업화시키고 '초격차' 전략으로 성과를 냈던 권오현 회장 같은 C레벨이 남아 있었더라면 소니의 운명이 달라지지 않았을까 하는 아쉬움이 든다.

훌륭한 C레벨이 기업을 살리듯 반대로 훌륭한 C레벨의 부재는 기업을 죽인다. 뛰어난 의사결정력을 지닌 C레벨이 없다는 것 자체가 기업에게는 최악의 리스크인 셈이다.

이처럼 C레벨이 내리는 모든 결정은 기업의 미래와 직결된다. 즉, 결정한다는 행위는 기업의 가장 큰 기회이자 동시에 가장 큰 리스크다. 그리고 시대가 변하면서 CEO나 창업주 한 명에게 결정권이 몰려 있는 구조가 점차 사라지고 있다.

이제는 기업 내의 다양한 결정권이 각 영역의 C레벨에게로 분산되어가고 있다. 이는 기업의 운명을 결정하는 권한이 C레벨에게 이관되었음을 의미한다. 기업은 당연히 결정의 리스크를 낮춰줄 수 있는 사람을 원할 수밖에 없다. 결국 C레벨이 가져야 할 첫 번째 유전자는 바로 '의사결정력', 즉 오판의 위험성을 초월하는 것이다.

이는 앞서 임원과 C레벨의 차이를 규정한 에드 아다리오의 주장과도 맞닿아 있다. '임원이 자기 직무에 대한 능력을 입증한 사람이라면, C레벨은 회사에 대한 조언가로서의 능력을 입증한 사람'이라는 그의 주장은 C레벨에게 '탁월한 의사결정 능력'이 필요하다는 말을 내포하고 있다.

회사는 매일같이 다양한 제안을 받는다. 신제품 제안, 새로운 마케팅 제안, 교육 제도 개선, 협업 제안까지, 수많은 사람들과 기업들이 회사에 제안을 해온다. 이와 같은 외부에서의 제안뿐 아니라 내부에서의 제안도 중요하다. C레벨 역시 회사에 제안을 한다. 결국 회사의 입장에서 결정한다는 것은 누군가의 제안을 받아들이는 것이라고도 할 수 있다. 훌륭한 제안을 하는 사람은 곧 훌륭한 조언을 하는 사람이기에, C레벨은 회사를 성장시키는 제안을 하는 '훌륭한 조언가'가 되어야 한다.

종합 마케팅 회사 '셜록컴퍼니'는 2020년 세계 3대 국제광고제로 꼽히는 뉴욕페스티벌 광고제에서 '통합 마케팅Integrated Marketing', '환경보호Environmental Effort'라는 두 개 부문에서 수상하며 파이널리스트로 선정되는 영광을 얻었다. 그런데 셜록컴퍼니의 공동 창업자이자 CEO인 배은지 대표는 돌연 경쟁 회사 격인 광고 대행사 '디블렌트'에 C레벨인 본부장으로 합류했다. 합류 배경에는 디블렌트 경영진의 강력한 요청이 있었는데, 그 이유 중 하나가 배은지 대표가 가진 '뛰어난 조언가로서의 역량'이었다. 광고 기획과 같이 직무적인 부분에서 활약해주길 기대한 것이 아니라, 기존의 경영진과 다른 관점으로 사업에 새로운 제안을 해주길 기대하며 배은지 대표를 스카우트한 것이다. 훌륭한 제안 능력이 C레벨의 세계에서 어떠한 대우를 받는지를 잘 보여주는 대목이다.

그렇다면 자신의 의사결정 능력을 키우고 입증하기 위해서는 무엇을 준비해야 할까? 다양한 C레벨을 직접 인터뷰하고 여러 이론을 조사한 결과, 'T', 'O', 'Q' 이 세 가지가 필요하다. 실전에서의 성공적인 의사결정을 위해 미리 학습해야 하며(Training), 의사결정 기회를 탐구하거나 스스로 창조해야 하며(Opportunity), 무엇보다 빠른 의사결정을 할 수 있어야 한다(Quick)는 것이다.

미래를 준비하는 사고, T

먼저 첫 번째 T를 살펴보자. 의사결정 능력을 갖추라고 말하면 대부분의 사람은 이렇게 반문할지도 모른다.

"이 회사에서는(혹은 이 직무나 직급에서는) 제가 의사결정할 수 있는 것이 아무것도 없는데요."

충분히 이해한다. 대부분의 기업이 신입사원은 물론이고 경력이 부족한 주니어들에게도 의사결정할 기회를 주지 않는다. 심지어 기업에 따라서는 어느 정도 지위에 오른 중간관리자에게도 의사결정권을 주지 않기도 한다. 앞으로 직급이 사라지고 C레벨과 오퍼레이터로 양분된 세상이 오면 오퍼레이터에게 주어질 의사결정할 기회는 더더욱 줄어들 것이다.

이런 상황에서 필요한 것이 바로 '트레이닝(T)'이다. 자신 혹은 자신의 팀에게 주어진 업무를 갖고 최종 의사결정이 어떠한 이유로 이루어졌는지를 분석해보는 것이다. 많은 직장인이 '왜'에 대한 고민 없이 그저 내게 주어진 일이라는 생각에 기계적으로 업무를 처리한다. 자기 일을 마치 단순 작업처럼 바라보는 것이다. 어차피 위에서 결정한 일이고, 따라서 자기가 관여할 일도 아니라는 생각에서다.

반면 아주 소수는 무언가를 할 때마다 자신이 그 일을 왜 해야 하는지, 나아가 누가, 어째서, 무슨 의도를 갖고 이런 결정을 내렸는지를 고민한다. 비록 자신이 의사결정을 하는 위치에 있는 것은 아니지만 의사결정권자의 시선으로, 한 의사결정이 현재 자기의 업무로 연결되기까지 어떤 과정을 거쳤는지 이어보는 트레이닝을 하는 것이다. 그리고 이런 행동으로부터 첫 번째 C의 유전자가 만들어진다.

대한상공회의소 회장직을 겸하고 있는 두산인프라코어의 박용만 회장은 한 방송에서 이런 인터뷰를 했다.

"같은 시점에 일을 시작한 신입사원들을 1년이 지나 다시 비교했을 때, 업무와 업무가 어떻게 연관되어 있고 일이 어떻게 숫자(수익)로 연결되는지를 보면서 일한 사람과 그렇지 않은 사람은 크게 다릅니다. 그 1년 동안 자신이 얼마나 스펀지같이 일을 빨아들였고 얼마나 자부심을 갖고 일했느냐에 따라 직원들의 미래는 달라진다고 할 수 있어요."

즉, 주어진 일을 단순히 처리하는 데 그치지 않고 위에서 왜 이런 결정을 내렸으며 그 의사결정은 어떻게 기업의 이익과 이어지는지 주체적으로 고민하는 '트레이닝'을 거친 조직원이 훨씬 빠르게 성장한다는 뜻이다.

당신 역시 마찬가지다. 당신이 하고 있는 일은 누군가의 의사결정이 만들어낸 결과다. 당신이 그 일에 어떤 권한을 행사할 수는 없을지라도, 최소한 그 일에 대해 얼마나 알 것인지는 당신 스스로 결정할 수 있다. 전쟁을 할 때 병사는 창끝의 적을 보고 장수가 전투의 끝을 본다면, 군주는 시대의 끝을 바라본다.

물론 일개 병사가 당장 군주가 되어 시대의 끝을 내다볼 수는 없다. 하지만 군주가 이 시대의 끝을 어떻게 보는지 아는 것만으로도 병사는 그 전쟁에서 많은 배움을 얻을 수 있다.

이처럼 C레벨의 생각을 트레이닝해보는 것만으로도 당신은 충분히 성장할 수 있다. 물론 누군가는 핀잔을 줄 수도 있다. 상사에게 쓸데없는 일을 한다고 구박받을지도 모를 일이다. 하지만 명심하라. 당신의 학습에 핀잔과 구박을 주는 이는 앞에서 말한 '명함 아래에 있는 사람'일 가능성이 매우 크다.

앞서 "직장 생활을 잘하는 팁과 C가 되는 자질은 완전히 다르다"라고 말한 이유가 여기에 있다. 직장 생활을 잘하는 법은 그저 명령하는 사람들의 결정에 순순히 따르기만 하면 되는, 욕심 없는 오퍼레이터식 생존법이다. 그러나 C가 되려면 오퍼레이터의 늪에서 빠져나오기 위해 저항해야 한다. 오퍼레이터들이 하지 말라는 일을 해야 하고, 나서지 말라는 것에 나서야 하며, 순응하라는 말에는 저항해야 한다.

의사결정의 기본적인 틀을 미리 알아두는 것은 의사결정 트레이닝의 효율성을 극대화하는 데 도움이 된다. 회사의 의사결정을 분석할 나만의 기준이 마련되어 있으면 어떤 결정이든 빨리 이해할 수 있을뿐더러 그 결정 속의 오류도 쉽게 찾아낼 수 있기 때문이다. 의사결정 프로세스에 관해서는 여러 가지 이론이 있지만, 이 책에서는 'WRAP 법칙'을 추천한다.

WRAP란 의사결정을 할 때 반드시 거쳐야 하는 네 가지 질문이다. 이 네 가지 질문 모두에 만족할 만한 답을 내놓을 수 있다면 그 의사결정은 비교적 옳은 결정일 확률이 높다. 그 네 가지 질문을 간단하게 요약하면 다음과 같다.

• Widen your options?(충분한 선택지를 갖고 있었는가?)

선택지가 하나일 경우 52%가 실패하지만 두 개 이상일 경우 실패율은 32%로 낮아진다.

• Reality-test your assumptions?(의사결정에 대한 검증을 했는가?)

확증 편향(정보를 보고 결정하는 것이 아니라 이미 결정을 내린 후 그 결정을 지지하는 정보만 보고, 듣고, 믿으려는 무의식적 경향)을 방지하기 위해서는 객관적인 자료를 통해 해당 의사결정의 문제점을 적극적으로 찾는 노력이 필요하다.

• Attain distance before deciding?(심리적 거리를 확보했는가?)

의사결정에 자신의 감정이 들어가 있지는 않은지 확인해야 한다. 감정에 의한 의사결정은 항상 최악의 결과로 이어진다.

• Prepare to be wrong(최악의 경우에 대한 계획을 세웠는가)?

언제든 잘못된 의사결정을 할 수 있음을 인정하고, 최악의 경우에 대한 대비책을 항상 세워둬야 한다. 최악이란 현재의 잘못 때문에 생기는 것이 아니라 미래의 대안이 부재하기 때문에 생긴다.

위의 네 가지 질문으로 기업의 의사결정 과정을 스스로 트레이닝할 수 있다면 현재 기업의 의사결정이 옳은지 그른지도 점검할 수 있다. 나아가 스스로 보완책이나 대안을 구상해볼 수도 있다.

일의 영역을 확장하는 자세, O

트레이닝을 통해 의사결정권자의 역량을 자기 것으로 만들었다면, 그다음 단계는 'O'다. 앞서 말했듯 O란 'Opportunity', 기회를 의미한다. 의사결정을 직접 실행할 수 있는 기회를 잡으라는 것이다. 많은 C레벨은 입을 모아 "회사를 다니면서 스스로 의사결정해볼 기회가 의외로 많았다"라고 말한다. 그리고 그 기회를 활용했던 경험이 훗날 C레벨로 올라서는 데 큰 영향을 미쳤다고 입을 모은다.

회사에서 우리가 잡을 수 있는 기회는 무엇이 있을까? 먼저 사내 공모전이 있다. 사내 공모전의 주제는 보통 기업이 현재 고민하고 있는 방향과 맞닿아 있으므로, 주제만 봐도 현재 기업이 의사결정을 앞두고 고민하고 있는 분야가 무엇인지를 쉽게 알 수 있다. 또한 이를 통해 일반 사원들도 기업의 고민에 대한 자신의 의사결정 역량을 증명할 수 있다.

대표적으로 LG그룹은 매년 신사업 분야에 대한 아이디어 공모전을 실시한다. 이처럼 평사원에게까지 두루 기회를 주려 노력하는 문화가 LG그룹에 자리 잡은 건 선배들이 만들어놓은 전례 때문이다. 특히 LG전자의 CEO를 역임한 조성진 부회장의 이야기는 경영학계에서 두고두고 회자되고 있다.

조성진 부회장은 1976년 LG전자에 입사해 2013년 1월 백색가전 분야를 총괄하는 자리에 오르기까지, 장장 37년간 '세탁기'라는 한 우물을 팠다. 상품을 개선하기 위해 회사에 수많은 제안을 했고, 그 제안들을 관철시켜 LG전자의 세탁기는 세계적인 기술력과 품질을 갖추게 되었다. 이후에도 그는 백색가전 분야에서 큰 혁신을 이끌어냈고, 그 공로를 인정받아 마침내 LG전자 전체를 아우르는 CEO의 자리에 올랐다.

평사원의 신분으로 C의 유전자를 개발해 C레벨의 자리에 오른 모범 사례다. 고졸 출신인 조성진 부회장을 따라다니는 '세탁기 박사'라는 호칭은 그의 역량과 노력을 단적으로 증명해주는 별명이다. CEO가 된 직후인 2016년 12월, 그는《한국경제》와의 인터뷰에서 이렇게 말했다.

"비전은 남이 만들어주지 않습니다. 먼저 자기만의 비전을 정하고 내가 속한 조직에 믿음을 가져야 해요. 이를 바탕으로 조직의 필요와 조율하며 꿈을 이루어나가면 직장 생활도, 삶도 성공적으로 해낼 수 있다고 봅니다."

최근 가장 혁신적인 C레벨 발탁 사례 중 하나인 '쌍방울'을 보면 앞서 이야기한 공모전의 힘을 더욱 잘 알 수 있다. 쌍방울은 2020년 3월 31일 새로운 CEO를 영입했다. 기업이 새로운 CEO를 영입하는 것은 특별한 일이 아니지만 쌍방울의 경우는 매우 특별했다. 만 40세의 나이로 차장직을 맡고 있던 김세호를 대표이사 겸 부사장으로 승진시킨 것이다. 실로 파격적인 인사였다. 국내 500대 기업 CEO들의 평균 나이가 59.5세인 걸 감안하면 아주 이른 나이라는 것도 그러했지만, 무엇보다도 차장급을 바로 CEO로 선임했다는 것이 파격적이었다. 이는 재벌가의 권력 승계를 제외하면 한국에서 전례를 찾을 수 없는 일이다. 계속되는 매출 하락과 영업 손실에 위기의식을 느껴 결정한 인사이기도 했다.

그가 CEO로 발탁된 결정적인 계기는 전 직원이 참여한 사내 공모전에서의 1등 수상이었다. 그 공모전의 주제는 '내가 쌍방울의 경영총괄부사장이 된다면'이었다. 김세호 대표는 이 공모전을 통해 자신이 가진 C레벨로서의 의사결정 능력을 검증받았고 이를 통해 단숨에 C레벨로 올라설 수 있었다.

의사결정을 트레이닝 해볼 기회는 의외로 많다. 본인이 참여하는 큰 프로젝트에서 작은 부분을 담당해 결정해보는 것도 좋은 기회다. 여러 곳과 협업해야 하는 큰 프로젝트를 할 때 협력업체를 선정하는 일을 맡을 수도 있고, 큰 이벤트를 개최할 때 그에 포함된 작은 프로모션을 담당할 수도 있다. 만약 당신이 영업 담당 직원이라면 새로운 영업 라인을 구축하기 위해 시도하면서 일상에서 늘 의사결정할 기회를 맞이할 수도 있다.

경영 컨설팅이나 강연을 통해 여러 기업을 방문하며 사원들과 만나다 보면, 크게 두 종류의 신입사원을 볼 수 있다. 첫째는 프로젝트를 맡을 때 넓은 시야를 갖고 전체를 이해하는 유형, 둘째는 프로젝트를 발표해야 한다는 사실에만 매몰돼 그저 프레젠테이션 자료를 만드는 데만 급급한 유형이다. 프로젝트가 종료된 후 전자의 신입사원은 그 분야의 전문가가 되어 있는 반면, 후자의 신입사원은 프레젠테이션 전문가가 되어 있다.

일의 경중은 분명 존재한다. 하지만 그것이 의사결정의 경중을 의미하진 않는다. 아무리 하찮은 일일지라도 의사결정은 필요하고, 언제나 최선의 결정을 지향해야 한다. 작은 일이든 큰일이든 의사결정의 구조는 늘 비슷하고 과정에도 역시 큰 차이는 없다. 그러므로 스스로 의사결정을 해볼 기회는 충분하다. 내가 하는 일이 사소해 보인다고 해서 아무런 생각 없이 기존의 방식대로 처리해버리고 마는 것은 성장할 수 있는 기회를 스스로 박차는 것이나 다름없다는 걸 명심해야 한다.

여기서 나아가 기회가 오기만을 기다리는 것이 아니라, 직접 제안함으로써 의사결정 기회를 만드는 방법도 있다. 당신이 직접 기업의 성장과 발전에 필요하다고 생각하는 프로젝트를 적극적으로 제안해 실행하는 것이다. 이것이 가장 적극적으로 의사결정권을 획득하는 방식이다.

네이버 웹툰은 지금도 많은 사람이 사랑하고 즐겨 찾는 네이버의 대표 서비스다. 하지만 이 서비스가 만화를 무척 좋아했던 어느 신입사원 한 명의 도전에서 시작되었다는 사실을 아는 사람은 많지 않다. 서울대학교 응용학부를 졸업한 김준구가 그 주인공이다. 그는 8800권 이상의 만화책을 보유한 '만화광'이었다. 그는 사장되어가는 만화 시장이 디지털 플랫폼으로 옮겨지면 또 다른 가능성이 열릴 것이라 확신했고, 네이버에 입사한 뒤 이 가능성을 회사에 제안함으로써 해당 사업 분야를 맡게 되었다.

그는 이후 다양한 분야의 웹툰을 발굴해 연달아 히트시키며 현재 네이버 웹툰 서비스의 초석을 마련했다. 그는 이 공을 인정받아 네이버에서 이사까지 오르며 승승장구했다. 네이버의 적극적인 CIC정책(사내독립기업)으로 사업부가 2017년 '네이버웹툰컴퍼니(주)'로 분사하면서 김준구 대표는 CEO 자리에 올랐고, 지금까지도 CEO로서 활약하고 있다.

이처럼 자신이 보다 적극적인 자세로 회사에 프로젝트를 제안해 의사결정권을 입증하는 것은 C레벨로 성장할 수 있는 가장 빠른 길 중 하나다. 회사의 입장에서는 가치가 있다고 판단되는 분야를 역으로 먼저 제안하고, 거기에 대한 비전까지 제시해주는 직원이 고맙지 않을 리 없다. 최근 들어 활발히 진행되고 있는 대기업들의 사내벤처 사업 장려 정책을 보라. 삼성전자는 'C랩(Creative Lab)', 아모레퍼시픽은 '린 스타트업', 구글은 '에어리어120' 같은 제도들을 만들어 사내벤처 사업에 도전하는 것을 적극적으로 권하고 있다. 이것만 보더라도 모든 기업이 훌륭한 혜안을 가진 잠재적 C레벨을 학수고대하고 있다는 사실을 짐작할 수 있을 것이다.

특히 삼성의 C랩에 선정될 경우 1년간 연구에만 매진할 수 있는 준비 기간을 주고, 이후 결과에 따라 분사시킨 후 다양한 영역에서 아낌없는 지원까지 해준다. 물론 월급도 주면서 말이다. 분사를 해 사업화에 성공할 경우 그 사업체를 다시 본사에 합병시키고, 사업에 도전했던 조직원은 더 높은 지위와 권한을 가지고 삼성으로 복귀할 수도 있다. 설사 지원을 받았음에도 불구하고 사업을 성공시키지 못한 경우라도 5년 이내라면 언제든 재입사가 가능하다. 실패했을 때의 대안까지도 마련해둔 것이다. 물론 새로운 시도이다 보니 내부에서는 아직 제도에 개선이 필요하다는 평가를 하기도 한다. 하지만 성과는 벌써 나타나고 있다. 삼성전자가 발표한 자료에 따르면 2012년부터 2020년까지 C랩을 통해 스타트업에 도전한 직원들 중 163명이 45개 기업을 성공적으로 창업한 것으로 나타났다.

사내 공모전에 도전하는 것부터 스스로 새로운 프로젝트나 사업을 제안하는 것까지, 직급과 지위에 상관없이 의사결정 능력이라는 C의 유전자를 개발할 수 있는 기회는 수없이 존재한다. 하지만 대부분의 사람이 눈앞에 기회가 주어져도 그것을 기회라고 인지하지 못한다.

인간이란 보이는 것을 믿는 게 아니라 자신이 믿는 것만 보는 존재다. 기회가 도처에 있다는 걸 믿지 않는다면, 당신의 눈에는 어디에도 기회가 보이지 않을 것이다. 기회가 오지 않는다며 한탄하기 전에, 당신이 지금껏 기회를 보지 못했던 건 아닌지 의심해봐야 한다.

선택의 성공률을 높이는 마법, Q

Q는 의사결정 능력을 키우는 마지막 단계다. 그리고 그 과정에서 가장 중요한 요소이기도 하다. Q는 'Quick decision', 즉 빠른 결단력을 의미한다. 판단의 기로에 놓였을 때 빠르게 의사결정하는 능력이 필요하다는 것이다.

흔히들 중요한 결정일수록 신중을 기하라고 말한다. 하지만 C레벨의 의사결정에는 이 말보다 '장고 끝에 악수 난다'라는 말이 더 어울린다. C레벨에게는 오랜 시간을 들여 신중하게 내리는 의사결정보다 신속하고 결단력 있는 의사결정이 더 요구된다는 뜻이다.

『이웃집 CEO』의 저자인 엘레나 보텔로Elena Botelho와 킴 파월Kim Powell은 10년간 2000명의 CEO와 1만 7000명의 C레벨을 평가한 데이터를 통해 경영자의 본질을 알아내기 위해 연구했다.

그 결과 성공한 CEO가 반드시 옳은 결정을 하거나 훌륭한 결정만을 해왔던 것은 아니라는 사실을 밝혀냈다. 그리고 오히려 성공한 CEO일수록 '옳은 의사결정'보다는 '결단력 있는 의사결정'을 더 많이 했다는 사실을 발견했다.

연구 데이터에 따르면 결단력 있다고 평가되는 CEO들이 그렇지 않은 CEO들에 비해 좋은 실적을 낼 확률이 12배나 높았다. 그래서 이들은 "이른 시기에, 빠르게, 확신을 갖고 결정을 내리는 것이 성공의 열쇠"라고 주장했다. 연구자들은 결단에 대해 이렇게 말했다.

"상대를 설득시키는 일에 모든 힘을 쓰면 정작 기업을 혁신할 힘은 남아 있지 않게 된다."

빠른 의사결정의 중요성을 알려주는 재미난 지표가 또 하나 있다. C레벨이 의사결정에 AI 알고리즘을 이용하는 빈도가 코로나19 팬데믹 이후 크게 늘었다는 점이다. AI 학습용 데이터 전문 업체인 '아펜리미티드'는 2020년 4월부터 5월까지 두 달간 비즈니스 및 기술 부문 의사결정자 374명을 대상으로 설문조사를 진행하고 그에 관한 보고서(State of AI and Machine Learning Report)를 발표했다.

이 보고서에는 매우 중요한 변화가 담겨 있다. C레벨과 C레벨급의 임원들이 그 어느 때보다 많이 AI 이니셔티브(인공지능 기술을 이용해 상황을 분석하고 대응책을 구상하는 알고리즘)에 참여하고 있다는 점이다. 보고서에 따르면 전체 응답자 중 무려 71%가 AI 이니셔티브에 참여하고 있다고 밝혔다. 2019년만 해도 경영진이 AI 이니셔티브를 직접 챙기고 있다고 대답한 비율은 39%에 불과했다. 의사결정에 AI를 이용한다는 것은 방대한 자료와 데이터 분석을 AI에게 맡김으로써 최대한 빠르게 결론을 내리겠다는 의도다. 지금 시대에 빠른 의사결정 능력이 얼마나 중시되고 있는지를 보여주는 좋은 예다.

변화의 속도는 점점 빨라지고 있다.

과거에는 세상이 10년 주기로 바뀌었다면, 지금은 1년 만에도 완전히 바뀔 수 있다.

이런 세상에서는 빠르게 결단하는 것 그 자체가 성장의 원동력이 된다. 마케팅·광고 분야에서 몇 번이고 강조하는 말이 있다. “1년이 지난 기사와 정보는 아무런 도움이 되지 않는다.” 지금은 그 기준이 더욱 엄격해져서, 반년 전의 정보도 쓸모없어지는 경우가 부지기수다.

화장품 기업 ‘코스토리’의 창업자이자 뷰티 그룹 ‘ABT’의 CEO인 김한균 대표는 과거 정보에 얽매이지 않는 것으로 유명하다. 제조사들의 수많은 과거 정보를 분석하기보다는 직접 전 세계를 다니며 신제품을 체험하고, 시장 속에서 트렌드를 읽어내며 새로운 기회를 포착한다. 그 결과 누구보다도 빠르게 트렌드에 걸맞은 브랜드와 신제품을 만들어낸다. 때로는 실행이 너무 빠른 나머지, 새 원료를 직접 개발하고 실험하느라 상대적으로 더 많은 투자비가 들 때도 있지만 이 방법이 틀리지 않았다는 것을 그는 회사의 실적으로 증명하고 있다. 과거의 사례를 공부하고 오랫동안 고민하기보다는 일단 빠르게 실행하는 것이 급변하는 시장, 특히 그중에서도 트렌드에 매우 민감한 화장품 시장에서 그가 찾은 정답인 것이다.

요즘처럼 변화가 빠른 세상에서 정답을 찾느라 시간을 쓰는 행위는 그야말로 조직에 독이 된다. 그렇기에 기업의 의사결정은 무엇보다도 신속해야 한다. 그 속도를 좌우하는 것이 의사결정권자의 결단력이다. 이는 기업의 의사결정권이 다양한 C레벨에게 분산되는 이유이기도 하다. 요즘처럼 빠른 결단이 중요한 시기에 CEO 한 명이 모든 의사결정을 내리기는 물리적으로 무리가 있기 때문이다.

빠른 의사결정은 비록 그 결정이 실패로 끝나더라도 쓸모가 있다. 빨리 결정해서 빨리 실패한다면 그 실패를 수정하고 보완할 시간을 확보해 결국 기업은 성장으로 한 발 더 나아갈 수 있다. 그래서 다양한 실패를 최대한 빨리 경험하는 것은 많은 시간을 들여 하나의 성공을 거두는 것보다 장기적으로는 오히려 더 큰 자산이 되기도 한다.

페이스북의 모토는 'Move fast breaking things'이다. 무언가를 부술 수 있을 만큼 빠르게 움직이라는 뜻이다. 이 모토는 사실 '최대한 빠르게 실패하라, 성공할 무언가를 발견할 때까지'라는 뜻을 담고 있다. 알 수 없는 시장을 분석하는 데 시간을 소비하기보다는, 시장이란 원래 도전해보기 전에는 알 수 없는 것이기에 일단 부딪쳐보고 틀리더라도 아픔을 극복하고 거기서 또 새로운 것을 배우며 정답을 찾아가라는 것이다.

그리고 무엇보다도 빠르게 결단한 후 '어떤 태도를 보이느냐'가 당신의 성장 여부를 결정한다.

이 사실을 단적으로 보여주는 말이 있다.

"선택에 정답은 없다. 선택하고 난 뒤의 행동이 정답을 만들 뿐이다."

우리 두 저자는 이 말을 믿는다. 당장의 선택이 정답과 오답을 결정한다면 우리의 인생은 오답투성이일 것이다. 우리 모두 남들이 정답이라 말했던 의견을 따른 적이 거의 없다. 오답처럼 보이는 길을 선택할 때마다 주위에선 핀잔을 하거나 비웃음을 보냈다. 물론 그로 인해 많은 실패를 경험한 것을 부정할 순 없지만(모두가 옳다고 하는 길엔 그럴 만한 이유가 있긴 하다) 단 한 번도 우리의 인생이 실패한 인생이라고 생각한 적이 없다. 일단 어떤 일을 하기로 결정했다면 어떻게든 내린 결정을 정답으로 만들기 위해 악착같이 노력했기 때문이다. 그래서 조금 헤매기는 했을지언정, 결국 무엇이든 끝내 정답으로 만들어가는 법을 발견했고 그러면서 나름대로 성장할 수 있었다.

소프트뱅크의 손정의 회장은 결단력 있는 선택과 그 후의 행동에 대해 이렇게 표현했다.

"승률이 90%가 될 때까지 기다리면 너무 늦다. 승률이 70%일 때 목숨을 걸고 싸워야 한다."

많은 기업이 지금도 위대한 도약을 위한 선택의 갈림길에 놓여 있다. 그들은 지금도 그 갈림길에서 훌륭한 결단을 내려줄 C레벨을 기다리고 있다. 당신이 C가 될 준비를 끝마치고 C레벨이 되어, 기업이 갈림길에 당면할 때마다 훌륭한 제안을 해주기를 기대하고 있는 것이다.

그래서 당신이 갖춰야 할 첫 번째 C의 유전자는 의사결정력이다. 앞서 제시한 T, O, Q를 통해 당신도 의사결정력을 기를 수 있기를 기대한다.

• 자만의 초월 •

C는 끊임없이 질문하는 존재다

기업이 가장 두려워하는 것은 무엇일까? 이 질문에 대답하기 위해서는 일단 기업을 하나의 생명체로 바라보는 시선이 필요하다. 모든 기업에는 태동기가 있고 성장기가 있다. 그 시기에 어떤 결정을 하는가에 따라 기업은 쇠퇴하기도 하고 더 크게 성장하기도 한다.

그렇다면 생명체의 입장에서 가장 두려운 것은 무엇일까? 그것은 멈추는 것이다. 진화의 관점에서 답보한다는 것은 이제 곧 후퇴가 시작된다는 것을 의미하기 때문이다. 실제로 진화의 역사를 보면 대부분의 종이 멸종하기 직전에 진화도, 퇴보도 하지 않는 '정지 상태'를 겪었다. 멈춘 것들은 결국 사라진다. 기업 역시 마찬가지다. 그러므로 기업의 입장에서 가장 두려운 단어는 위기가 아닌 '현상 유지'일 것이다. 요즘처럼 시시각각 변하는 시장에서 어느 순간 걸음을 멈춘다는 것은 곧 시장의 변화 추세를 읽지 못하고 점차 감을 잃어가고 있다는 의미다.

흔히 경영에서는 "가장 호황기일 때가 오히려 위기다"라고 말한다. 성장하는 순간에도 리스크는 늘 존재하기 때문이다. 실제로 삼성전자 임직원들이 입사 시점을 막론하고 늘 C레벨에게 듣는 이야기가 "우리는 위기다"라는 말이다.

1등 기업에서 무슨 위기를 운운하느냐고 우습게 넘길 이야기가 아니다. 어제의 1등이 내일의 1등을 보장해주지 않는다는 것을 우리는 너무나 많이 목격했다. 이처럼 최고의 위치에 올라섰을 때조차 미래를 걱정하는 것이 기업인데, 하물며 멈추는 것은 얼마나 두렵겠는가.

그래서 기업은 매 순간 변화를 준비한다. 기존의 사업을 다각화하거나 새로운 시장을 개척한다. 소비자 조사에서 '만족한다'라는 답변이 지배적일지라도 소비자에게 더욱 큰 만족을 줄 방법이 무엇인지 고찰한다. 끊임없이 소비자를 관찰하고 그 속에서 새로운 먹잇감을 탐색한다. 기업이 욕심이 많아서, 더 많은 돈을 벌고 싶어서 그러는 게 아니다. 계속 개척해나가지 않으면 결국 도태될 수밖에 없다는 잔인한 시장 생태계를 그들은 이미 알고 있기 때문이다.

그리고 그 변화를 만드는 것은 이제 온전히 C레벨의 몫이 되었다.

기업은 C레벨이 자신의 다음 단계를 열어주길 기대한다.

다시 말해 '변화'를 만들어내지 못하는 C레벨은 기업에서 가치를 인정받지 못한다.

지금껏 기업이 잘 꾸려놓은 영역을 유지하고 보수하는 일은 오퍼레이터의 몫이지 C레벨의 역할이 아니다. C레벨은 개발과 개척의 선봉장이어야 한다.

핀테크 기업 '두물머리'의 CEO 천영록 대표는 변화에 대해 이렇게 말했다.

"우리를 믿고 수십억 원을 투자해준 투자자들이 가장 싫어하는 것은 우리가 그 돈으로 아무것도 하지 않고 지금 시장을 유지하는 데 온 힘을 기울이는 것입니다. 그다음으로 싫어하는 것은 아주 안전한 방법만 시도하며 미미한 성장에도 만족하는 것이겠지요. 투자자들은 완전히 새로운 도전을 통해 시장을 흔들 만한 엄청난 성과를 내거나 아니면 차라리 빠르게 실패하거나, 이 둘 중 하나를 원합니다. 투자자에게 우리는 '안전자산'이 아니기 때문입니다. 그래서 우리는 움직여야 합니다. 안주하는 사람은 우리 회사와 함께할 수 없습니다. 안주하고 싶다면 감히 투자자의 돈을 받아서는 안 됩니다."

그의 말에서 유추해볼 수 있듯이 당신이 갖춰야 할 두 번째 C의 유전자는 '변화를 제어하는 능력'이다. 변화를 제어하는 능력은 크게 두 가지로 세분화할 수 있다. 첫째, 기업에 이익이 되는 변화를 스스로 만들어내는 능력, 둘째, 기업이 겪게 되는 다양한 변화에 가장 최선의 대응을 하는 능력이다. 이 두 가지 능력을 갖추었을 때 당신은 C레벨로서의 강력한 무기를 하나 더 얻게 된다.

만족에 취하는 순간 발전은 없다

기업에 이익이 되는 변화를 스스로 만들어내기 위해서는 무엇을 해야 할까? 다양한 C레벨을 인터뷰한 결과, 그 방법에는 저마다 조금씩 차이가 있었지만 거의 모든 C레벨들이 '변화를 만드는 능력'의 중요성에 동의한다는 사실을 알 수 있었다. 그리고 그들이 말하는 제각각의 방법에서 공통분모를 뽑아낸 결과, 우리가 내린 결론은 이것이었다.

"만족하는 마음을 버리고, 언제나 질문하는 습관을 길러라."

세계 최고의 CEO 중 한 명인 빌 게이츠Bill Gates는 "만족에 취하는 순간 발전은 없다"라는 말을 통해 만족이야말로 변화의 큰 적이라고 경고했다. 만족한다는 건 자신이 덧붙일 것 없는 상태에 도달했다고 스스로 인정하는 것과 같다. 그 상태에서는 더 이상의 욕심이 생기지 않는다. 욕심을 잃어버리는 순간 변화해야 한다는 계기도 함께 잃어버린다. 그곳에서 멈추는 것이다. 많은 C레벨도 자기가 맡은 역할과 하고 있는 일에 만족을 느끼는 순간, 그 사람의 성장은 딱 그곳에서 멈춘다고 증언한다.

대기업부터 개인 상점, 프랜차이즈 가맹점에 이르기까지 다양한 고객에게 물류 시스템과 '부릉'이라는 이름의 배송 서비스를 제공하는 '메쉬코리아'의 유정범 CEO는 시장 확대와 더불어 지난 3년간 매출이 수십억 원 규모에서 약 2000억 원 규모로 폭발적으로 증가했음에도 불구하고 끊임없이 성장의 필요성을 강조한다. 그는 늘 "지금은 뼈대를 세울 시점이다. 아직 살도 붙지 않았다"라고 말한다. 배송 서비스는 아직도 신규 사업자가 수없이 뛰어들고 있는 경쟁 시장이다. 이런 시장에서는 변화가 곧 생존이나 다름없기에, 유정범 CEO는 매일 아침 하루도 빠지지 않고 고객사와 투자자, 여러 이해 관계자에게 부릉의 서비스와 업계 동향을 담은 뉴스를 브리핑하며 회사가 계속 변화하고 있다는 사실을 알리고 있다.

진리를 탐구하는 학자에게 만족보다 큰 독은 없는 법이다. 현재에 만족하는 순간 그다음은 없으니 말이다. C레벨 역시 마찬가지다. 가령 CSO(최고전략책임자)가 만족한다는 것은 그 기업의 전략 방향이 고정된다는 것을 의미한다. 그런가 하면 CMO(최고마케팅책임자)가 만족한다는 것은 기업이 더 이상 소비자에게 혁신적인 이야기를 들려주지 않겠다는 것과 같다. 그런 기업이 다음 기회가 숨어 있는 시장을 발견할 리 없고, 점점 눈이 높아지는 소비자를 계속 만족시킬 리 만무하다. 따라서 변화를 만들어내기 위해서는 언제나 만족을 경계하고 항상 불만족해하는 자세로 임해야 한다.

그렇다면 불만족한 상태를 유지하기 위해서는 무엇이 필요할까? 앞에서 말한 '질문하는 습관'을 항상 가져야 한다. 질문한다는 것은 아직 모르는 것이 남아 있다는 뜻이고, 무언가를 채우지 못했다는 허기가 있는 한 인간은 결코 만족에 이르지 못한다.

그래서 C레벨은 끊임없이 질문을 던지는 사람이어야 한다. 진정한 C의 유전자를 지닌 이들은 세상에 당연한 것이란 하나도 없다고 믿는다. 이들에게 세상의 모든 것은 당연한 것이 아니라 자신이 알아가야 하는 것, 이해해야 하는 것, 발견해야 하는 것이다. 이런 자세를 갖춘 사람들만이 C의 자격을 가질 수 있다.

누군가는 정말 궁금한 것이 없는데 어떤 질문을 해야 하느냐고 물을 수도 있다. 그러나 당신이 모르는 비밀이 하나 있다. 질문은 궁금증이 생기면 저절로 나오는 것이 아니다. 질문하는 습관을 지혜롭게 활용하고 있는 C레벨들은 이 비밀을 이미 잘 알고 있다. 그들은 질문에 대해 이렇게 말한다.

"궁금한 것이 생겼을 때 질문하는 게 아니라, 습관처럼 하염없이 질문을 던지다 보면 세상의 모든 것들이 궁금해집니다."

이것이 질문하는 습관을 통해 늘 불만족한 상태를 유지하는 사람들의 비결이다. C레벨이라고 해서 호기심 많은 성격을 타고난 것은 아니다. 호기심이 생기지 않더라도, 혹은 당연하다고 생각되더라도 일단 질문을 해보려는 노력이 있었기에 그들은 불만족한 상태를 유지할 수 있었다. 그 노력 덕에 질문하는 습관이 길러졌고, 그럼으로써 세상의 많은 것이 정말 궁금해지기 시작했던 것이다.

이는 어찌 보면 "행복해서 웃는 것이 아니라 억지로 웃다 보면 행복이 따라온다"라는 말과도 일맥상통한다. C레벨 대부분은 이런 행위적인 노력을 통해 질문하는 습관을 자신의 무기로 만들었다. 이 무기가 그들을 자기만족에 매몰되지 않게 만들었다. 그렇게 안주하고픈 성질에서 빠져나옴으로써 적극적으로 변화를 도모하는 C의 유전자를 얻은 것이다.

기업의 시선에서 질문하라

질문을 습관으로 만들었다면 그다음은 '좋은 질문'을 고르려는 노력이 필요하다. 어떤 질문을 던지느냐가 무슨 답을 발견하는지를 결정하고, 무슨 답을 발견했는지가 곧 어떤 변화를 일으키느냐로 이어지기 때문이다. 그래서 좋은 질문을 고르는 것은 질문하는 습관을 기르는 것만큼이나 중요하다. '좋은 질문'의 중요성을 설명할 때 이런 예시를 들곤 한다.

"미국 하버드대 학생들과 한국 대학생들의 차이는 사실 별것 없습니다. 단지 그들이 스스로에게 던지는 질문이 다를 뿐입니다. 하버드대 학생들은 스스로에게 '내가 어떻게 세상을 변화시킬 것인가'를 묻습니다. 반면 한국 대학생들은 '내가 어떻게 취업할 것인가'를 묻습니다. 누구도 그런 질문을 하라고 강요하지 않았습니다. 스스로가 정한 질문이지요. 하지만 이 질문의 차이가 결국 엄청난 차이를 만들어냅니다."

C레벨이 해야 하는 질문은 오퍼레이터가 아닌 디렉터의 것이어야 한다. 즉, C레벨에게 좋은 질문이란 '기업의 시선'에서 시작한 질문이다. 기업의 시선에서 질문하다 보면 결론적으로 원인이 아니라 방법을 묻게 된다. 원인을 찾으려 질문하면 '누구에게 책임을 물을 것인가'에만 집착하게 되고, 결국 소모적인 싸움

을 불러온다.

가령 예상외로 제품 판매 실적이 부진하다고 해보자. 이때 '왜 제품의 판매 실적이 좋지 않은가'를 질문하면 '○○의 책임으로 판매 실적이 나쁘다'라는 답이 나온다. 그렇게 되면 서로를 탓하기에만 급급해질 뿐, 생산적인 이야기는 할 수 없다. 반면 '어떻게 하면 판매 실적을 끌어올릴 수 있는가'를 질문하면 너도나도 판매 실적을 올릴 수 있는 보완책에 대해 답할 것이다. 그 대답들 중 하나가 판매 실적 견인이라는 변화를 불러올 것이고, 기업을 성장하게 만들 것이다.

하나 재미있는 것은, 원인을 찾는 질문과 방법을 찾는 질문은 서로 이어져 있다는 점이다. 원인을 찾는 질문을 이어가다 보면 방법을 찾는 질문에 도달할 수 있다. 앞서 말한 질문을 예로 들면, 206쪽의 그림과 같이 질문과 답변을 이어볼 수 있다.

물론 이 예시는 문제 해결의 과정을 지극히 단순화시킨 가정에 불과하다. 실제로는 이보다 훨씬 복잡한 과정을 거칠 것이다. 하지만 이를 통해 알 수 있듯이, 원인을 찾는 질문을 이어나가다 보면 결국 방법에 관한 질문에 도착한다. 이것이 바로 '질문 이어 쓰기'의 효과다.

좋은 질문을 하기 위해서는 하나의 질문으로 시작해 질문과 질문을 이어가며 궁극적으로 기업이 듣고 싶어 하는 '방법'을 찾

질문 이어 쓰기

질문	답
왜 제품의 판매 실적이 좋지 않은가?	제품의 디자인이 좋지 않다.
제품 디자인은 어떤 점에서 좋지 않은가?	메인 타깃이 선호하지 않는 색상을 사용했다.
지금 제품 색상을 바꿀 수 있는가?	바꿀 수 있지만 이미 만들어놓은 재고가 많다.
재고를 소진시키기 위해 할인을 하는 건 어떤가?	브랜드 이미지에 악영향을 미칠 리스크가 있다.
지금의 색상을 좋아하는 타깃이나 국가는 없는가?	중국에서 부의 상징으로 여기는 색상이라 중국 시장에서 좋아할 가능성이 있다.

▼

판매 증가를 위해 기존의 시장에 끼워 맞추기보다는 현재의 제품을 좋아할 만한 새로운 시장을 찾아 새로운 메시지로 판매해보자.

을 수 있는 질문까지 도달해야 한다. 이것이 만족을 경계하고, 끊임없이 질문함으로써 두 번째 C의 유전자인 '변화를 창조하는 능력'을 얻어내는 핵심 방법이다. C레벨이 되려면 네 살 아이라도 된 것처럼 끝없이 '왜?'를 반복해야 한다.

메타인지, 변화에 능동적으로 대응하는 힘

스스로 변화를 만들어내는 능력만큼이나 중요한 것이 언제든 발생할 수 있는 변화에 '능동적으로 대처하는 능력'이다. 미국 소프트웨어 기업 '노벨'의 CEO 레이 노르다Ray Norda는 "변화를 만들면 리더가 되고, 변화에 적응하면 생존할 수 있지만, 변화를 거부하면 죽음 뿐이다"라고 말했다.

변화를 만드는 것뿐만 아니라 변화에 대응하는 것 역시 C레벨의 필수 조건이다. 전자인 '변화 창조력'이 창이라면, 후자인 '변화 대응력'은 방패인 셈이다.

변화에 대응하기 위해서는 무엇이 필요할까? 여기에는 다양한 의견이 있을 수 있다. 각종 논문이나 기사에서도 여러 의견을 찾을 수 있었고, C레벨과의 인터뷰에서도 많은 의견을 들을 수 있었다. 누군가는 열정이나 용기가 필요하다고 말했고, 누군가는 휴식이나 여행 같은 여가가 필요하다고 말하기도 했다. 종교나 사랑처럼 정서적인 요소를 언급한 이들도 있었다.

물론 모든 의견 각각에 그 나름의 가치가 있겠으나, 이 책에서는 그중 가장 핵심적인 한 가지를 설명해보려 한다. 변화에 관련된 중국의 속담 중 지금부터 이야기할 주제에 딱 들어맞는 속담이 하나 있다. '변하지 않는 한 가지를 무기로 만 가지의 변화에 대응한다'라는 말이다. 생각해보라. 어떤 변화에든 대응할 수 있는 무기가 있다면 변화 대응력을 키우는 데 그것 이상으로 좋은 수단은 없을 것이다. 그리고 모든 변화에 대응할 수 있는 한 가지의 무기가 바로 '메타인지'다.

메타인지란 '인지의 과정에 대해 인지하는 행위'다. 쉽게 말해 자신이 아는 것과 모르는 것을 정확히 구분하는 것, 자신의 행동이 어떠한 결과를 불러올 수 있는지 자각하는 것이다. 즉, 제3자의 입장에서 자신의 인지 과정을 관찰하고 분석해 보다 높은 수준의 사고 과정을 거치는 것이 메타인지다. 그런 의미에서 메타인지를 '초인지'라고 부르기도 한다.

메타인지가 변화 대응력의 핵심인 이유는 단순하다. 메타인지는 변화를 구체적으로 자각할 수 있도록 도와주어 변화 대응력을 가로막는 가장 큰 요인인 '두려움'을 제거해주기 때문이다. 누구나 무지한 상태에서는 두려움 때문에 경직되기 마련이다.

메타인지 사이클

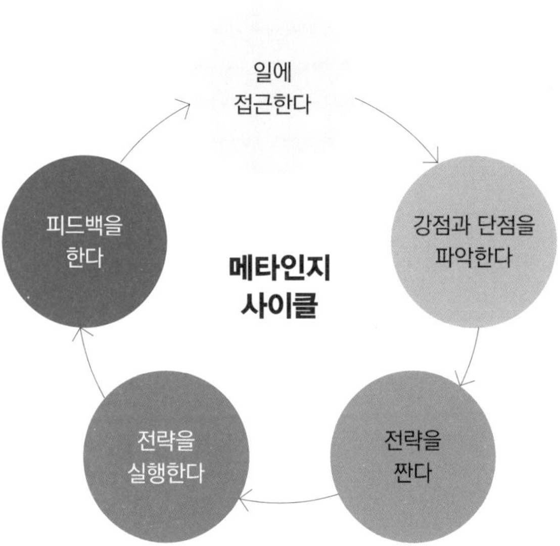

그렇게 변화에 제대로 대응하지 못하면서 결국 도태되는 것이다. 하지만 메타인지 능력을 갖추면 변화의 실체가 보이고, 무지에서 벗어날 수 있다. 변화가 더 이상 두려움의 대상이 되지 않는 것이다.

C는 변화 앞에 흔들림이 없다

메타인지를 통해 변화를 제대로 자각한다는 것은 구체적으로 어떤 의미일까? 변화가 왔을 때 크게 두 가지 행위를 실행한다는 것이다. 첫째는 감정과 현상을 분리시키는 것, 둘째는 현상을 잘게 쪼개보는 것이다.

우선, 감정과 현상을 분리시켜야 비로소 변화를 있는 그대로 바라볼 수 있다. 이는 변화를 객관적으로 자각하는 시작점이기도 하다. 인간은 원래 현상을 받아들일 때 감정에 크게 영향을 받는다. 기분이 좋을 때는 다소 언짢은 일이 생겨도 웃으며 넘어갈 수 있지만, 반대로 기분이 나쁠 때는 사소한 일도 괜히 거슬려 보이지 않던가.

이는 인간이 지닌 당연한 본성이지만, C레벨이 변화를 맞이할 때는 치명적으로 작용한다. 감정에 영향을 받아 변화를 자의적으로 해석하면 너무 과하게 대응하거나 아예 대응 자체를 포기하게 되기 때문이다. 어느 쪽이든 좋지 않은 결과로 이어질 게 뻔하다. 따라서 변화를 맞이할 때는 무엇보다도 감정이 격앙되지 않도록 주의해야 한다. 어떤 변화에든 크게 기뻐하거나 크게 분노하지 않는 자세가 필요하다.

사람들은 이런 자세를 '의연함' 또는 '담대함'이라고 표현한다. 성공한 C레벨들은 각기 다른 성품을 지녔음에도 변화 앞에서는 항상 이런 의연함을 유지했다. 그렇다면 그들은 어떻게 변화 앞에서도 의연해질 수 있었을까?

누군가는 의연함을 '선천적으로 타고난 재능'이라고 말하기도 한다. 올림픽 금메달리스트들의 몰입에 대해 연구한 책 『최후의 몰입』에서는 "의연함은 결코 재능의 영역이 아니다"라고 말한다. 이 책에 따르면, 금메달리스트들에게 처음 의연함과 담대함에 대해 물었을 때는 "의연함과 담대함은 타고난 재능이지 노력의 산물은 아니다"라고 말했다고 한다.

하지만 금메달리스트들조차도 결정적인 순간에 이르러서는 말을 달리했다. "결전의 순간 의연함을 발휘할 수 있었던 것은 올림픽을 준비하는 4년간의 '지옥 같은' 고생 덕분이었다"라고 말이다. 그들은 '그렇게 고생하며 훈련했는데 설마 여기서 실패하겠느냐'는 생각으로 결승전에도 담대하게 임했다고 회상했다. 이를 이 책에서는 '의연함이란 어제까지 겪었던 고난이 주는 선물'이라 표현한다.

이처럼 의연함과 담대함은 충분히 후천적 개발을 통해 가질 수 있다. 그러니 일에서 겪는 다양한 고난과 악재를 너무 두려워하지는 말자. 그 경험 역시 당신의 의연함을 키워줄 훌륭한 자원 중 하나이니 말이다.

어떤 C레벨은 변화가 찾아왔을 때 혼자 욕을 되뇐다고 고백하기도 했다. 혼자 욕을 하면서 감정을 뱉어내다 보면 격앙되었던 마음이 많이 사그라들더라는 것이다.

이와 반대로 다른 C레벨은 변화가 찾아왔을 때 감정과 일종의 '거리 두기'를 한다고 말했다. 그는 류시화 시인의 『하늘 호수로 떠난 여행』이란 책에 나오는 구절을 늘 가슴속에 새기며 일한다고 했다.

"기쁜 일이나 슬픈 일이 찾아오면, 그것들 또한 머지않아 사라질 것임을 명심하라. 어떤 것도 영원하지 않음을 기억하라. 그러면 어떤 일이 일어난다 해도 넌 마음의 평화를 잃지 않을 것이다."

이 구절처럼 그는 어떤 변화든 결국 언젠가는 지나갈 것이라는 생각을 늘 되뇌며 순간의 감정을 가라앉힌 후 변화에 대응한다며 자신의 비결을 설명했다.

이와 비슷하게 어떤 C레벨은 머릿속에 일종의 '생각 저장소'를 두어, 어떤 변화든 일단 생각하지 않고 두어 시간 머릿속에 묵혀둔다고 했다. 그렇게 하면 시간이 지나면서 변화에 대한 개인적인 감정은 차츰 빠져나가고 정확한 실체가 보이기 시작한다고 말했다.

또 다른 C레벨은 이와는 조금 다른 방법을 취했다. 그는 변화로 인해 맞닥뜨릴 수 있는 최악의 경우를 미리 상정해본다고 말했다. 최악의 경우를 다가올 현실이라 믿고, '최소한 그 최악의 경우만 면하면 평타는 친다'라는 생각을 하며 스스로를 다잡는다는 것이다.

이처럼 여러 C레벨이 저마다의 방식으로 감정의 동요를 최소화한 후 변화에 대응한다고 말했다. 그 방법은 각기 달랐지만, 변화가 일어날 때 감정과 현상을 분리해야 한다는 지론은 모두 동일했다.

앞서 말한 것 중 무엇을 참고하든 상관없다. 중요한 것은 변화에 의연해지기 위한 당신만의 방식을 찾는 것이다. 글귀 하나를 가슴에 새기든, 그동안 겪었던 수많은 경험을 상기하며 스스로를 진정시키든, 욕설을 내뱉든 그 무엇이든 좋다. 분명한 건, 의연함은 충분히 훈련과 개발을 통해 만들어질 수 있다는 사실이다.

C레벨의 C가 '한 무리를 이끄는 족장'을 의미한다는 걸 명심해야 한다.

족장은 결코 흔들려서는 안 되는 사람이다.

족장이 흔들리면 그 부족 전체가 흔들리고, 족장이 흔들리면 부족원 그 누구도 족장을 도와줄 수 없다.

애초에 족장은 흔들릴 때 도움을 받는 사람이 아니라, 흔들리는 부족원에게 도움을 주는 사람이다. 당신만의 방식으로 의연함을 개발해 비로소 변화 앞에서도 차분히 대응할 수 있을 때 당신은 진정한 족장으로 거듭날 것이다.

쪼개면 쪼갤수록 문제의 본질이 선명해진다

현상에서 감정을 분리시켰다면 그다음 단계는 변화의 실체와 본질을 파악하는 일이다. 이때 가장 확실하고도 효과적인 방법은 '분할 정복 알고리즘Divide and conquer algorithm'을 활용해 변화를 아주 세세하게 쪼개보는 것이다. 비유하자면, 숲의 전체적인 모습을 제대로 파악하기 위해 나무 하나하나를 세심하게 들여다보는 것과 같다.

분할 정복 알고리즘은 복잡하고 어려운 문제를 해결하기 위해 개발된 문제 해결 방식이다. 이 이론에 따르면, 어떤 난제라도 잘게 쪼개 분석하다 보면 해결책을 도출할 수 있다. 변화 역시 마찬가지다.

기업에 시시각각 닥쳐오는 변화는 구조적으로 매우 복잡한 형태를 띠고 있는 경우가 많다. 가령 소비자 트렌드가 갑자기 변한다든가, 정부가 갑자기 새로운 규제를 실시하는 경우를 생각해보자. 어느 특정 요소 때문에 소비자 트렌드가 바뀌었다고 콕 짚어 규정하기는 힘들다. 규제 역시 마찬가지다. 그리고 트렌드 변화나 정부의 규제가 기업에 미칠 영향 또한 매우 복잡다단하다. 이처럼 원인도, 영향도 복잡하기 그지없는 변화를 그대로 놓고 해석하는 것은 굉장히 어려운 일이다. 이것을 해결해주는 것이 바로 분할 정복 알고리즘 방식을 이용한 쪼개기다.

방식은 단순하다. 일단 변화라는 문제를 두고 쪼갤 수 있는 한 최대한 세세하게 쪼개면 된다. 각각의 조각들을 이해할 수만 있다면, 그 조각들을 합친 후 하나의 의미를 부여하는 것은 어렵지 않다. 그렇기 때문에, 어떤 변화가 닥쳐왔을 때는 우선 그것을 최대한 쪼갠 후 생각하는 것이 훨씬 간단한 해결법이다.

예를 들어 트렌드 변화를 분석한다면 그 원인을 세대별 요인, 시대 상황적 요인, 뉴스나 방송 같은 프레이밍적 요인 등으로 나누어 유추해볼 수 있다. 그다음엔 이 변화가 회사에 미칠 영향을 단기·중기·장기적 관점에서 나누어 가정해보고, 각 기간별로 매출, 인지도, 호감도나 신뢰도에 또 어떤 영향을 미칠지 쪼개서 예측해본다. 이런 과정을 통해 변화가 어떤 의미를 갖는지 해석할 수 있으며 나아가 그 변화가 회사에 끼칠 영향도 예측해볼 수 있다.

맥킨지앤드컴퍼니를 비롯한 전략 컨설팅 업체의 컨설턴트가 요구받는 역량 중 하나가 클라이언트를 대신해 그들의 복잡한 문제를 잘게 쪼개주는 것이다. 이를 MECE Mutually Exclusive Collectively Exhaustive(상호 배제와 전체 포괄) 분석이라고 한다. 문제가 코앞에 닥쳤을 때 당사자는 이를 외면하거나 감정적으로 대응하기 쉽기 때문에, 이 능력에 특화된 컨설턴트에게 의뢰해 문제를 해결하는 것이다. 하지만 만약 자사의 C레벨에게 변화를 쪼개서 구조화하고 해석해, 개선책을 내놓을 수 있는 능력이 있다면 어떨까? 값비싼 컨설팅 비용도 아낄 수 있을 뿐더러, 내부자의 결정이니 보다 더 나은 결과를 얻을 가능성도 높다. 그러니 기업 입장에서는 C레벨이 이런 역량을 갖추고 있다면 더할 나위 없을 것이다.

또한 문제 쪼개기는 스스로의 역량을 파악해볼 수 있다는 점에서도 무척 좋은 기술이다. 변화라는 큰 덩어리를 각각의 항목으로 세분화하면 그중 내가 잘 알고 있는 분야와 내가 모르는 분야가 명확히 보인다. 잘 아는 분야에는 스스로 답을 내리면 된다. 내가 모르는 분야는 다시 '혼자 힘으로도 답을 알아낼 수 있는 것', '혼자서는 답을 알아내기 힘든 것'으로 나뉜다. 전자는 시간을 들여 탐구하고 탐색하면 답을 찾을 수 있다. 후자라고 해도 주변 사람들이나 전문가의 도움을 받으면 대부분 해결이 가능하다. 이것이 분할 정복 알고리즘을 활용한 변화 분석의 핵심이다.

분할 정복 알고리즘을 몇 번 연습하다 보면 놀라운 사실을 깨닫게 될 것이다. 아무리 어렵고 복잡해 보이는 변화라고 해도 실은 아주 단순한 사실들이 모여 만들어졌다는 것을 말이다. 심지어 그들 중 대부분은 당신이 이미 알고 있거나, 조금만 노력해도 충분히 통찰해낼 수 있는 것들일 터이다. 그렇게 분할 정복 알고리즘을 연습하다 보면 변화의 실체와 본질을 또렷이 볼 수 있게 된다.

훌륭한 C레벨들이 그 어떤 변화에도, 심지어 처음 경험해볼 법한 거대한 변혁에도 능숙하게 대처하는 모습을 보면 감탄이 저절로 나온다. 그 비결에는 여러 차례의 '쪼개기' 경험이 숨어 있다. 그들은 그간 변화를 맞이할 때마다 쪼개기를 통해 어떤 요소들이 그 변화를 만들었는지 수없이 분석하고 또 분석한 것이다.

C레벨들에게 변화란 '레고'와 같다. 레고는 수천 가지의 모양을 만들어낼 수 있지만 그 본질은 결국 아주 조그마한 블록들의 조합이다. 만약 그 작은 블록 하나하나를 이미 경험했거나 분석했다면 블록들이 어떠한 형상을 만들어내든 그 본질을 쉽게 이해할 수 있다. 지금 눈앞에 찾아온 변화에 어떤 현상들이 작용했으며 또 어떻게 결합되어 있는지를 말이다. 이런 응용력이 무지와 불안이라는 장막을 걷어내고 변화의 본질을 똑바로 볼 수 있

게 도와준다.

그리고 중요한 사실이 하나 더 있다. 늘 새로운 변화가 닥쳐온다고 말하지만, 사실 변화란 무한대로 새로이 생겨나지는 않는다. 지금까지 역사가 반복되었듯이, 변화의 본질 또한 시대를 건너 반복된다. 특정 상황이 결합했을 때 생겨나는 변화는 분석해보면 그것을 지칭하는 용어만 바뀌었을 뿐 언제나 비슷한 성질을 띠고 있다. '소확행' 이전에 '욜로'가 있었고, '욜로' 이전에는 '카르페 디엠'이 유행했던 것처럼 말이다.

어떤 변화가 찾아왔을 때 조각조각 쪼개보고, 그렇게 쪼개서 나온 작은 질문들 하나하나에 적합한 답을 찾는 연습을 수없이 거듭해야 한다. 그런 경험들이 당신을 진정한 C로 성장시켜줄 소중한 자산이 된다. 그러다 보면 어느새 두려움은 사라지고, 변화 앞에서 레고를 앞에 둔 어린아이와 같이 두근거림을 느끼게 될 것이다.

지금까지 C레벨이 가져야 하는 두 번째 C의 유전자인 '변화를 제어하는 능력'에 대해 이야기했다. 다소 긴 이야기였지만, 핵심은 다음과 같다.

변화를 제어하는 능력

변화를 제어하는 능력	변화를 창조하는 힘	– 질문하기를 습관화해 자만에서 벗어나기 – 질문 이어 쓰기를 통해 기업의 시선으로 질문하기
	변화에 대응하는 힘	– 메타인지를 통해 변화의 실체를 구체적으로 자각하기 – 현상과 감정 분리시키기 – 분할 정복 알고리즘을 통해 변화를 세세하게 쪼개 분석하기

즉, 두 번째 C의 유전자의 핵심은 변화를 창조하는 힘과 변화에 대응하는 힘, 이 두 가지를 갖춰 어떤 변화든 해석 가능한 실체로 만들고 적절하게 대처하는 것이다.

기업에게 변화는 양날의 검과 같다. 기업이 스스로 만들어낸 변화는 성장을 위한 귀중한 발판이 되지만, 외부의 변화는 때론 기업의 성장에 독이 되기도 한다. 그래서 내부에서 변화를 창조하는 능력과 외부의 변화에 대응하는 능력, 즉 내외부의 변화를 다룰 수 있는 힘은 기업을 책임지는 C레벨이 반드시 가져야 할 필수적인 유전자다. 당신에게도 이 유전자가 길러지기를 바라며, 기업 컨설팅을 할 때 C레벨들에게 종종 전하는 말로 이 장을 마치고자 한다.

"오늘 판을 만들고 흔들지 않으면, 내일은 누군가가 어제 만든 판에 흔들려야 합니다."

• 개인의 초월 •

C는 조직을 장악하는 존재다

"초기 스타트업에는 진정한 의미의 C레벨이 거의 없습니다. 요즘 수많은 청년이 정부 지원과 스타트업 열풍을 등에 업고 창업을 하는데요. 그들 중에 C의 유전자를 갖춘 사람은 더더욱 없습니다. 젊은이들의 실력을 폄하하거나 무시하는 것이 결코 아닙니다. 그들 중 대부분이 C레벨이라면 반드시 갖춰야 할 '이 능력'을 갖고 있지 않기 때문이지요."

이 책을 위해 한 C레벨을 인터뷰하던 중 실제로 들은 말이다. 창업 열풍으로 젊은 C레벨이 상당수 늘어났다는 이야기를 나누던 도중, 그는 '새로 창업하는 소규모 기업에 진정한 C레벨이 많지 않다'고 단호하게 말했다. 지금부터 이야기할 세 번째 C의 유전자가 스타트업 창업자들에게 부재하기 때문이라는 이유에서였다. 그 유전자는 과연 무엇일까? 그의 이야기를 좀 더 들어보자.

"C레벨은 회사 운영의 한 축을 맡는 사람입니다. 회사에서 한 축을 맡는다는 것의 무게는 생각보다 크지요. 이 일은 절대로 혼자서 할 수 없습니다. 여러 명이 팀을 구성해 합심해서 일해야 가능하고, C레벨이란 그 팀을 이끄는 최종 수장이지요. 즉, C레벨은 자기 산하의 팀을 성공적으로 운용하고 관리할 수 있어야 합니다. 그런데 첫 사회생활을 스타트업 C레벨로 시작한 젊은 친구들은 대부분 이를 경험해보지 못했습니다. 스타트업 규모의 기업에서 자기 산하의 팀을 두고 운영하는 것은 현실적으로 불가능하니까요. 그런 곳에서는 전략 수립도, 실행이나 관리도 모두 혼자서 합니다. 그런 사람을 어떻게 C레벨이라고 할 수 있겠습니까?"

다소 격양된 표현이기는 하나, 많은 스타트업이 성장해나가면서 필연적으로 겪는 성장통을 생각해보면 그의 말에 고개가 끄덕여진다. 대부분의 스타트업은 투자 유치를 통해 성장해나간다. 처음에는 엔젤투자Angel Investment로 시작해 시드투자Seed Investment를 지나, 시리즈 A·B·C 투자를 받으며 규모를 키워가는 것이 일반적인 스타트업의 생존 공식이다.

스타트업의 투자 단계

개념	정의
엔젤투자	사업이 본격적으로 시작되기 전, 아이디어만 갖고 받는 소규모 투자
시드투자	사업이 어느 정도 진행되고 구체화된 후 그다음 단계를 준비하는 과정에서 받는 소규모 투자
시리즈 A·B·C 투자	VC(벤처캐피탈)나 PE(투자전문 운용사) 등 기관 투자자가 개입된 대규모 투자로, 최소 수십억 원에서 수천억 원을 받는 투자

그런데 시리즈 투자가 시작되면 사업 초기 C레벨 역할을 맡았던 사람들이 교체되는 일이 왕왕 발생한다. 종래의 C레벨들은 그 직함에서 내려오거나 아예 회사를 나가는 일도 흔히 벌어진다. 그중에는 시리즈 투자를 결정한 기관투자자인 벤처캐피털의 요청 때문인 경우도 있다. 회사의 입장에서는 막대한 자금을 투자하는 그들의 요청을 거절하기가 힘들다.

그렇다면 그들은 왜 C레벨 교체를 요구하는 것일까? 그 이유는 단순하다. 앞으로 계속 회사를 성장시키기에 지금 C레벨들의 역량이 부족하다고 판단하기 때문이다. 즉, 많은 벤처캐피털이

스타트업이 다음 단계로 도약하기 위해서는 C레벨이 그에 합당한 실력을 지닌 인물로 교체되어야 한다고 생각한다. 상당수의 벤처캐피털은 아예 시리즈 투자를 진행하면서 자신의 인적 네트워크를 동원해 C레벨을 추천해주기도 한다. 이처럼 회사가 본격적인 성장 시점에 이르면 초기에 구성되었던 C레벨 집단에 큰 변화가 일어난다. 이런 성장통은 우리가 알고 있는 대부분의 유니콘 기업들이 모두 겪었던 일이다. 페이스북, 인스타그램, 유튜브도 그러했다.

그렇다면 이런 성장통을 겪은 이후 영입된 C레벨이 가장 먼저 하는 일이 무엇일까? 바로 '팀 세팅'이다. 다음 목표에 이르기 위해서는 어떤 일을 해야 하는지 결정하고, 그 일을 수행할 수 있는 사람들을 모아 팀을 구성한다. 스타트업이 이 단계에까지 이르면 마케팅이건, 회계건, 전략이건 더 이상 한 영역의 일을 한 사람이 감당할 수 없을 만큼 조직이 복잡해지고 커진다. 개인이 혼자 감당할 수 없기 때문에 그룹이 필요해지고, 그 그룹을 운영하는 키를 C레벨이 쥐게 되는 것이다. 그리고 이때부터 진정한 C레벨의 업무가 시작된다.

C레벨은 한 직무의 최고 책임자이므로, 그 직무에서의 모든 의사결정권이 그에게 집중된다. 그렇다고 해서 그 직무를 혼자 다 수행할 수 있는 것은 아니다. 한 직무가 원활히 돌아가기 위

해서는 시스템이 필요하다. 즉, C레벨은 적절한 인력을 곳곳에 배치해 일이 수월하게 진행되도록 조율해야 한다. 그러니 자신의 팀을 세팅하고 그 팀이 잘 운용되도록 팀원을 관리하는 능력은 C레벨의 필수 자질이나 다름없다. 앞서 인터뷰한 C레벨은 이와 같은 사실을 재미있게 표현했다.

"혼자 모든 일을 하겠다는 것은 '혼자 북 치고 장구 치겠다'는 것이지요. C레벨은 1인 음악가가 아니라 지휘자입니다. 북 칠 사람과 장구 칠 사람을 나누고 다루는 게 C레벨의 역할이라는 것입니다."

'혼자서 북 치고 장구 치는 것밖엔 할 수 없다는 것', 즉 운용력이 없다는 것은 기업의 입장에서 큰 리스크다. 아무리 훌륭한 인적 자원이 있더라도 이를 제대로 운용하는 시스템이 부재하다면 그들의 능력을 이끌어낼 수 없기 때문이다. 하지만 '명장 아래 약졸 없다'라는 속담처럼, 뛰어난 운용가가 있으면 그의 힘으로 어떻게든 내부의 인적 자원을 활용해 효율성을 이끌어낼 수 있다. 그래서 기업의 리스크를 줄여야 하는 C레벨에게는 반드시 '팀을 운용하는 능력'이 있어야 한다.

능동형 오퍼레이터 vs. 수동형 오퍼레이터

그렇다면 C레벨은 자신의 팀원을 어떻게 활용해야 할까? 결론부터 말하자면 C레벨은 자신의 팀원을 '능동형 오퍼레이터'로 만들어야 한다.

PART 1에서 앞으로 기업 내 구조는 오직 디렉터와 오퍼레이터, 이 두 가지로 나뉠 것이라고 이야기했다. 디렉터는 지금껏 우리가 말했던 C레벨을 지칭한다. 그리고 오퍼레이터는 다시 '능동형 오퍼레이터'와 '수동형 오퍼레이터'의 세분화된다.

수동형 오퍼레이터는 우리가 상상하는 전형적인 오퍼레이터다. 시키는 일만 하고, C레벨이 지시하는 것 이상을 생각하지 않는다. 정확히 지시받은 대로만 일하는 존재들이다. 이들은 문제에 대해 깊이 생각하거나 고민하기보다는 별다른 의문을 품지 않고 주어진 명령을 실행에 옮긴다. 회사를 자신의 미래 설계에 적극적으로 활용하지도 않는다. 자연히 회사에 자신의 가치를 입증할 만한 행동도 하지 않는다.

이런 수동형 오퍼레이터들만 있어서는 C레벨이 제대로 직무를 수행할 수 없다. 시시각각 변하는 업무 상황에 유연하게 대처할 수 없기 때문이다. 지시한 일에 변수가 발생하는 순간 수동형 오퍼레이터는 정지해버린다. 그럴 때마다 업무에 브레이크가 걸리고, 이런 일들이 반복되면 조직의 목표를 달성하기가 힘들어진다.

이들과 달리, 능동형 오퍼레이터는 지시받은 일의 목적을 이해하고 그 일을 성공시키기 위해 적극적으로 사고한다. 그들은 C레벨의 지시를 정확히 이해하고, 맡은 업무를 완수하기 위해 늘 고민한다. 그래서 능동형 오퍼레이터는 일하던 중 어떤 변수나 걸림돌이 생겨도 스스로 대처할 수 있다. 그들에게 변수는 넘어야 할 또 하나의 과업이지 멈춰야 할 벽이 아니다. C레벨은 자신의 팀원들을 이런 능동형 오퍼레이터로 만들어야 한다.

어떤 오퍼레이터를 두고 일하는지에 따라 성과에 엄청난 차이가 만들어진다. C레벨의 의사결정이 늘 옳기만 할 수는 없다. 의사결정력에 대해 설명하면서 언급했듯이, C레벨에게는 심사숙고해 정답을 찾는 것보다 결단력을 갖고 빠르게 의사결정하는 자세가 우선시된다. 빠르게 의사결정을 내리다 보면 생각지 못했던 장애물(변수)을 마주할 수밖에 없다. 이때 능동형 오퍼레이터들은 그 변수를 해결하기 위해 C레벨을 대신해 뛰어준다. C레벨의 빠른 의사결정 능력과 능동형 오퍼레이터들의 적극적인 실행력이 합쳐지면, 비록 약간의 변수가 생긴다 해도 결국 그 의사결정은 C레벨이 생각했던 결과를 가져온다.

'승률이 90%가 될 때까지 기다리면 너무 늦다. 승률이 70%일

때 결정을 내려 목숨을 걸고 싸워야 한다'는 손정의 회장의 말은 C레벨과 능동형 오퍼레이터의 협업이 만들어내는 효과를 간접적으로 설명한다. C레벨의 결정에서 부족한 승률 30%를 능동형 오퍼레이터들의 실행력이 채워준다는 뜻이다. 즉, 능동형 오퍼레이터를 팀원으로 두면 C레벨의 의사결정은 정답이 될 가능성이 높아진다.

집단지성은 결코 최적의 해답을 도출할 수 없다

'능동적인 실행력을 발휘해 (필연적으로) 다양한 변수를 안고 있는 C레벨의 의사결정을 완수하는 존재.'

능동형 오퍼레이터를 설명하는 이 말에는 아주 중요한 사실이 하나 숨어 있다. 바로 C레벨과 팀원의 관계는 '무엇이 정답인지 논의하는 관계'가 아니라 '결정한 것을 정답으로 만들어가는 관계'라는 것이다. 이는 흔히 알려진 경영 이론들과는 조금 다르다.

기존에는 '집단 의사결정' 방식을 훌륭한 모델로 인식해왔다. '집단 지성'을 활용해 다양한 의견을 수렴하고 논의하다 보면 최적의 해결책에 이를 수 있다고 믿었던 것이다. 그리고 이러한 믿음은 오랜 시간 기업의 의사결정 과정을 지배해왔다. 하지만 지금 시대에 집단 의사결정은 기업을 효과적으로 성장하게 하는 데 아무런 도움이 되지 않는다.

사실 집단 의사결정의 단점은 이미 여러 차례 밝혀졌다. 정보 신호(타인을 존중해 자신의 의견을 말하지 않는 현상), 휴리스틱(쉽고 편한 것을 따르려는 현상), 폭포 효과(최초 발언자의 의도에 동조하는 현상), 집단 극단화(집단이 한쪽 방향의 극단으로 치닫는 현상) 등 집단 의사결정이 오히려 더 나쁜 결과를 만들어낸다는 연구 결과도 이미 많다. 하지만 이런 알려진 단점들을 차지하고 생각해봐도, '모든 구성원이 최적의 해결책을 함께 만든다는 것'은 이상에 가깝다. 의사결정의 책임과 권한, 그 분야에 대한 깊이와 경험이 모두 다르기 때문이다.

이러한 사실을 가장 잘 이해한 사람은 경제학자 허버트 사이먼 Herbert Simon이다. 그는 '제한된 합리성 이론'으로 1978년에 노벨 경제학상을 수상했다. 사이먼은 이 이론에서 인간은 생각보다 합리적이지 않으며, 제한된 정보와 인지 속에서 '이 정도면 됐다는 만족감'을 근거로 비합리적인 판단을 내린다고 주장했다. 사이먼에 따르면, 그런 특성은 개인일 때보다 집단일 때 더욱 극명하게 드러난다고 한다. 그래서 집단이 의사결정을 내릴 경우, 최선의 해결책이 아닌 '모두가 크게 불평하지 않을 만한 안전지향적 차선책'으로 의견이 모아지게 된다.

설사 백번 양보해서 집단이 최선의 해결책을 도출해낼 수 있다고 치자. 그래도 결정이 너무 늦어진다는 단점이 발생한다. 이는 시시각각 상황이 변하는, 그래서 빠른 의사결정이 필요한 이 시대의 기업 경영에 매우 치명적이다. 결국 어떤 관점에서 보든 집단의 모든 사람이 동의하는 의사결정이란 성공하기 어렵다.

사실 이런 점을 대다수의 기업이 일찌감치 깨닫고 인정했기에 C의 세계가 열릴 수 있었다. 지금 기업들은 이미 만장일치의 환상에서 빠져나와 플라톤이 주창했던 것과 같이 '철인'의 중요성을 강조하고 있다.

결정은 C레벨이 내려야 한다.

그게 C레벨의 존재 이유다.

그리고 팀원들은 의사결정에 직접적으로 관여하기보다는 C레벨이 내린 의사결정을 정답으로 만들기 위해 혼신의 힘을 다해야 한다. C레벨에게 필요한 팀원은 바로 이런 성향의 능동적 오퍼레이터다. 운용력 있는 C레벨은 누가 이런 능력을 지닌 능동적 오퍼레이터인지, 즉 '누가 C의 유전자를 개발해 미래의 C레벨이 될 재목인지'를 쉽게 알아차린다. 진정한 C레벨들은 그런 팀원에게 더욱 큰 존중과 신뢰를 보내며 일을 맡긴다.

모든 과업은 통찰, 전략, 전술, 실행이라는 네 단계를 통해 이루어진다. 현상을 꿰뚫어 보고 남들이 보지 못한 가치를 발견하는 것이 통찰이며, 통찰을 큰 틀에서의 행동으로 만들어내는 것이 전략이다. 전략을 세분화해 각각의 행동을 만드는 것이 전술이고, 그 전술을 실제로 행동에 옮기는 것이 실행이다. 결국 이 네 단계를 둘로 나누면 통찰과 전략은 C레벨의 몫이고, 전술과 실행은 팀원들의 몫이 된다.

이 역할 분담에서 중요한 시사점이 하나 있다. C레벨은 팀원들이 자신의 결정을 전적으로 지지하게 만들어야 한다는 것이다. 통찰과 전략에 대한 굳은 믿음이 있어야 당신의 결정을 완성시켜줄 전략과 전술이 나온다. 당신에 대한 믿음이 전제되어 있지 않으면 당신은 모든 의사결정에 대해 팀원들에게 하나하나 그 이유를 설명하고 이해시켜야 한다. 여기에서 발생하는 모든 의문에 대해 하나씩 반론하고 그들을 설득하는 것은 그 자체로 엄청난 에너지 낭비다. 실제로 우리가 인터뷰한 C레벨 중 한 사람은 이렇게 말했다.

"설명할 수 있는 일을 설득하는 건 누구나 합니다. 하지만 설명할 수 있는 일만 하는 건 C레벨이 아닙니다. C레벨은 설명이 아니라 주장을 해야 하는 자리니까요. 그런 내게 팀원이란 '내 결정을 전적으로 이해해주되 설사 이해가 되지 않더라도 나 자체를 믿기 때문에 무엇이든 최선을 다해 실행해주는 사람들'입니다.”

디지털 광고회사 ‘이노레드’의 CEO 박현우 대표도 같은 말을 했다. 그는 “CEO의 주된 역할은 실현되지 않은 가능성을 믿는 것이다. 사업에 대해서, 그리고 사람에 대해서”라는 말을 했다. 이는 SNS에서 여러 차례 공유되며 많은 공감을 얻었다.

결국 C레벨과 팀원 사이에는 강력한 신뢰 관계가 구축되어야 한다. 강력한 신뢰 관계를 근간으로 팀원을 능동적인 오퍼레이터로 성장시키는 것, 이것이 C레벨에게 필요한 세 번째 C의 유전자의 핵심이다.

일의 가치를 극한으로 끌어올리는 힘, 명분

팀원을 ‘능동형 오퍼레이터’로 만들기 위해서는 무엇이 필요할까? 당신은 팀원에게 지금부터 이야기할 세 가지를 보여줘야 한다. 첫째, 명분을 제공해야 하고 둘째, 모든 책임으로부터 자유롭게 만들어야 하며 셋째, 보상을 확실하게 제공해야 한다.

명분을 제공한다는 것은 팀원에게 ‘일의 의미’를 명확히 설정해준다는 뜻이다. 일의 의미를 무엇으로 설정하느냐에 따라 일의 몰입도는 엄청나게 달라진다. 좋은 의미가 있는 과업을 할 때는 몰입도가 높아지기 마련이다. 반면 의미가 설정돼 있지 않거나 의미에 공감하지 못한 경우에는 일의 몰입도가 낮아질 수밖에 없다. 어떤 일에 몰입하면 저절로 능동적인 자세로 일하게 된다. 그래서 능동적 오퍼레이터를 만들려면 무슨 일을 맡기든 좋은 명분을 설정해주는 것이 필요하다.

좋은 명분을 설정해준다는 건 우리가 해야 할 과업을 '기능'이 아닌 '가치'의 관점으로 해석하는 것을 뜻한다. 가령 콜라를 음료수의 한 종류로 보는 것은 기능의 관점이다. 반면 콜라를 '즐거움을 함께 나누는 것'으로 보는 것은 가치의 관점이다. 단순히 음료수를 파는 일과 즐거움을 더 많은 사람과 나누는 일, 어떤 일에 더 가슴이 두근거릴까? 누구나 후자일 것이다. 이것이 명분의 힘이다.

모든 일이 마찬가지다. 기능의 관점으로만 보면 모든 일이 그저 업무 중 하나일 뿐이지만, 가치의 관점으로 바라보면 일은 그 이상의 의미를 지닌다. 예를 들어 당신이 CHO(최고인사책임자)로서 신사업을 위해 직원을 뽑는 인사 업무를 팀원들과 함께한다고 가정해보자. 단순히 '직원을 채용하는 일'이라고 설명하는 것과 '신사업의 성공을 좌우하는 중요한 결정'이라고 설명하는 것, 어느 쪽이 더 높은 몰입을 만들어내겠는가? 이처럼 C레벨이 현재 하고 있는 일의 가치를 어떻게 전달하는지가 팀원을 능동형 오퍼레이터로 성장시킬지, 수동형 오퍼레이터로 만들지를 결정한다.

구성원들에게 좋은 명분을 제공해 일의 몰입도를 높이는 대표적인 기업이 '월트디즈니'다. 월트디즈니가 디즈니랜드에서 일하는 직원들에게 전하는 메시지는 단 하나다.

"여러분은 우리 회사의 직원이 아닙니다. 여길 찾아오는 누군가의 피터팬이고, 누군가의 백설공주입니다. 여러분은 그들 마음속의 주인공입니다."

실제로 월트디즈니는 같은 캐릭터가 동시에 여러 장소에서 공연하는 것을 막음으로써 자신들의 세계관을 굳게 지킨다. 가령 일본 디즈니랜드에서 피터팬이 공연하고 있으면 같은 시간 미국 디즈니랜드에서는 절대 피터팬이 등장하지 않는다. 그리고 아이들이 피터팬은 어디에 있느냐고 물으면, '지금 피터팬은 이웃 나라 공주님들과 파티에 놀러 갔다'고 대답한다고 한다. 더운 날 인형 탈을 쓰고 하루 종일 뛰어다녀야 하는 직원들에게 이보다 더 가치를 느끼게 하는 명분이 또 어디 있을까?

팀원들에게 좋은 명분을 제공해주기 위해서는 C레벨 스스로도 자신이 하는 일의 가치를 발견하려 노력해야 한다. 이는 그저 허울 좋은 말로 포장하는 것과는 완전히 다르다. 자기가 발견한 가치를 스스로 믿을 때 이는 곧 일에 대한 신념이 된다. 신념이 있는 일을 한다는 건 그 자체로 자부심이 된다. C레벨이 일에 자부심을 가질 때 비로소 그 자부심이 팀원들에게도 전달될 수 있다. 그렇게 전달된 자부심은 팀원들을 능동적으로 일하게 만드는 원동력이 될 것이다.

"모든 책임은 내가 집니다"

두 번째는 맡겨진 과업을 스스로 실행하고 발전시킬 수 있는 권한은 주되, 모든 책임은 C레벨이 진다는 것을 각인시키는 일이다. 즉, 전술과 실행에서는 팀원이 자율적으로 행동하지만, 그 과정에서 발생하는 모든 일에 대한 책임은 전적으로 C레벨 자신이 지는 것이다.

많은 팀원이 일을 할 때 자율적으로 대처하는 것을 꺼린다. 혹시나 사고가 발생했을 때 자신이 그 책임을 지게 될까 봐 두렵기 때문이다. 이 두려움은 자유로운 사고와 능동적 대처를 가로막고, 팀원을 수동적 오퍼레이터로 전락하게 만든다. 일단 두려움에서 벗어나야 팀원들은 자신의 모든 역량을 다해 C레벨의 지시를 완수할 수 있다.

"The buck stops here(모든 책임은 내가 집니다)."

이제는 하나의 관용어구가 되어버린 이 말은 미국의 33대 대통령 해리 트루먼Harry Truman이 일본에 원자폭탄을 투하하기로 결정했을 당시 자신의 책상 앞에 써 붙여두었던 말이다. 자신의 의사결정으로 발생하는 모든 행동에 대한 부담을 누구에게도 지우지 않겠다는 의지다. 진정한 C가 되고 싶다면 이 문구를 마음속에 새겨놓아야 한다.

본인이 내린 의사결정이다.

본인이 맞다고 판단한 방향이다.

당신으로부터 나온 방향에 당신이 최종 책임을 지는 것은 당연한 일이다.

팀원들은 당신이 제시하는 방향을 믿고 따라주는 존재들이다. 그런 팀원들에게 리더의 책임감은 높은 로열티를 부여해주고, 동시에 적극적인 행동을 야기한다. 인간은 믿을 만한 타인에게 의지할 때 큰 안정감을 얻는다. 안정에 대한 담보는 모든 이가 원한다. 당신의 팀원들 역시 안정감을 원할 것이다. 하지만 C레벨은 그 안정감을 바라서는 안 된다.

C레벨은 안정감을 원하는 존재가 아니라, 팀원들에게 안정감을 담보해줄 수 있는 존재가 되어야 한다.

이것이 C레벨의 급여가 오퍼레이터들에 비해 수십 배에서 수백 배나 높은 이유다.

가치는 대가 없는 노동에서 피어나지 않는다

마지막으로 C레벨은 이 과업이 가져올 보상을 명확하게 규정하고 팀원들에게 확실히 전달해야 한다. 대가가 없는 일을 원하는 사람은 아무도 없다. 명분이 있고, 책임으로부터 자유로워진다 하더라도 자신의 노력에 보상이 주어지지 않는다면 그 누구도 능동적으로 일할 동기를 부여받지 못할 것이다.

'보상'이라 하면 흔히들 금전적인 것에만 초점을 맞추곤 한다. 물론 노력한 만큼의 경제적 혜택을 주는 것도 중요하다. 하지만 C레벨이 자신의 팀원에게 주어야 하는 보상은 금전적인 것에만 국한하지 않는다.

지금 하는 일을 통해 팀원 개개인이 어떻게 발전할 수 있는지를 명확하게 알려주는 것, 실제로 일을 완수해낸 팀원에겐 약속대로 성장할 수 있는 기회를 제공하는 것, 일에 대한 기여도를 공정하게 판별해주는 것. 이것이 C레벨이 주어야 하는 보상의 핵심이다.

먼저, 지금 하는 일로 인해 팀원 개개인이 어떤 성장을 이뤄낼 수 있는지를 명확히 알려줘야 한다. C레벨의 의사결정으로 진행되는 일이라 하더라도 그걸 추진하는 과정에서 얻게 되는 다양한 경험과 성취감은 일을 직접 실행한 팀원에게 고스란히 돌아간다. 그 경험과 성취감이 어떤 무형자산이 되며, 훗날 어떤 형태의 유형자산으로 치환될 수 있는지를 팀원들에게 명확하게 알려줘야 한다. 지금 하는 일은 C레벨의 명령으로 하는 일이지만, 그와 동시에 '자신이 발전하기 위해 하는 일'이란 걸 확실하게 인식시켜주는 것이다.

그런 명확한 정의가 있어야 비로소 일을 '위에서 시켜서 하는 것'이 아니라 진짜 '자신의 것'으로 인식할 수 있다. 반면에 일을 완수해봤자 C레벨의 성공만 도울 뿐이라고 생각한다면 그 팀원은 일을 '남의 것'으로 대하게 된다. 그러면 그 일엔 절대 열정과 노력이 담기지 않는다.

만약 팀원이 자신에게 부여된 과업을 성공적으로 완수했다면 C레벨은 그에 합당한 권한과 기회를 추가로 제공해줘야 한다. 팀원이 하나의 과업을 완수했다면, 그 보상으로 조금 더 큰 과업에 보다 큰 권한을 갖고 접근할 수 있도록 해야 한다는 뜻이다. 그러면 팀원은 과업을 수행해가면서 자기가 성장하고 있다는 걸 스스로 느낄 수 있다. 성장하는 자기 모습에 성취감을 느끼기 시작하면, 그 팀원의 성장 속도는 더욱 빨라질 것이다.

마지막으로 하나의 과업이 성공적으로 끝날 때마다 그 일에 대한 기여도를 명확하게 구분해, 각각의 기여에 대해 칭찬해주고 인정해줘야 한다. 이순신 장군은 한 전투가 끝날 때마다 그

전투에서 누가 공을 세웠는지 빠짐없이 기록했다고 한다. C레벨 역시 전쟁을 치르는 장군의 입장과 다르지 않다. 만약 C레벨이 과업을 위해 기여한 자신의 공로를 알아봐주지 않거나 인정해주지 않으면 그 팀원은 그다음 전투에 적극적으로 임하지 않을 것이다.

기여도를 구분하고 인정해줘야 한다는 말은 곧 C레벨은 현재 자신이 지시한 일이 누구에 의해, 어떻게 흘러가고 있는지 정확히 파악하고 있어야 한다는 의미다. 그래서 C레벨은 팀원에게 일을 맡긴 채 신경 쓰지 않고 나태하게 있어서는 안 된다. 누가 무엇을 했는지 정확하게 파악하고 구분할 수 있을 만큼 노력할 때 팀원들도 C레벨이 노력하고 있다는 걸 느낀다. '장수는 자신을 알아봐주는 이를 위해 목숨을 바친다'라는 말처럼, 팀원들은 자신이 무얼 하는지 정확히 아는 C레벨에게 무한한 신뢰를 보낸다.

단, 기여도를 측정할 때는 명확한 기준이 있어야 한다는 사실을 명심하라. 예를 들어 어떤 C레벨은 기여도를 측정할 때 '팀원 스스로가 자신이 해당 프로젝트에 들였다고 말한 시간'을 주요 기준으로 삼는다고 한다. 능력 있는 사람이 쓴 한 시간보다, 능력이 다소 부족하더라도 10시간을 쏟은 팀원이 있다면 그 노력에 높은 기여도를 매기는 것이다.

또 프로젝트가 끝날 때마다 최종 성과에 가장 큰 공을 세운 사람을 기준으로 다른 팀원들의 기여도를 설정한다고 말하는 C레벨도 있었다. 이 과정에서 가장 큰 공을 세운 사람은 반드시 다수의 동의하에 선정한다고 한다. 이처럼 기여도에 대한 기준은 객관적이어야 하며, 설사 주관에 의한 가중치가 있다 하더라도 다수가 납득할 수 있는 수준이어야 한다.

또한 기여도는 꼭 자기만의 방식으로 기록해둬야 한다. 기록은 훗날 혹시 모를 다른 팀원들의 이의 제기에 반론할 수 있는 근거가 될 뿐만 아니라, 인간의 부족한 기억력을 보강해주기 때문이다. 자기 팀원들의 기여도를 인정해줘야 함을 알고 있으면서도 기준과 기록을 소홀히 하는 C레벨이 꽤 많다. 그들 중 상당수가 이로 인한 팀 내부의 불협화음을 경험해봤다고 고백한다. 그런 나태함을 경계하라. '악마는 디테일에 있다'라는 말처럼, C레벨 역시 이런 디테일이 자신의 역량을 더욱 강화시킬 수 있음을 잊어서는 안 된다.

마지막으로 팀원들의 기여도를 인정하고 칭찬할 때 주의해야 할 점이 하나 있다. 기여도를 이야기하며 다른 팀원의 부족함을 함께 언급하는 일은 자제해야 한다. 남과 비교당하며 자신의 부족함이 낱낱이 공개되는 것만큼 자존심 상하는 일도 없다. 동기부여를 한다는 이유로 누군가를 칭찬하는 동시에 잘 못한 팀원을 닦달하는 것은 누구에게도 도움이 되지 않는다.

칭찬받는 팀원은 불편함을 느끼고, 부족함을 지적받은 팀원은 사기가 꺾인다. 자칫 잘못하면 팀 내부의 균열로도 이어진다. 그러니 기여도에 대한 이야기를 할 때는 오직 기여한 사실에 대해서만 언급하자. 우리가 인터뷰했던 한 C레벨이 멋진 말로 이를 표현했는데, 그의 말을 빌리자면 다음과 같다.

"팀원을 평가할 때 저는 이 원칙을 철저하게 지킵니다. 잘했다는 말은 공개적으로, 잘해야 한다는 말은 사적으로."

이처럼 팀원들에게 일을 가치적인 관점에서 바라볼 수 있는 명분을 전달하고, 모든 책임을 팀원 대신 짊어지며, 팀원들이 한 일에 명확한 보상을 제공해준다면 당신은 팀원들을 '능동적 오퍼레이터'로 성장시킬 수 있을 것이다.

떠나보낼 사람을 곁에 두어라

C의 유전자를 개발하는 데 쓰는 모든 시간은 일종의 투자다. 그것도 당신이 지닌 최고의 무형자산인 '시간'이란 비용을 쓰는 중대한 투자다. 모든 투자의 기본 원칙은 '동일한 시간과 정성이 필요하다면 좋은 상품에 투자해야 한다'는 것이다. 팀원들을 능

동적 오퍼레이터로 만드는 일 역시 마찬가지다. 무작위로 구축된 팀원에게 자신의 시간과 정성을 들이는 것보다는, 이왕이면 좋은 재목을 찾아 선별된 팀원을 키우는 편이 당신에게 훨씬 유리하다.

갤럽이 조사한 미국 직장 실태 보고서에 따르면 미국 내 직장인의 51%는 업무에 몰입하지 않는다고 한다. 우리나라의 실정도 이와 크게 다르지는 않을 것이다. 처음부터 업무에 몰입하지 않는 나태한 사람을 능동적 오퍼레이터로 만드는 일엔 많은 시간이 소요된다. 시간의 과용은 그 자체로 낭비다. 다양한 C의 유전자를 개발하기 바쁜 당신에게 낭비는 금물이다. 쉽게 말해, 귀한 시간을 아끼기 위해서는 좋은 인재를 구별할 줄 아는 안목이 필요하다는 의미다.

그렇다면 어떠한 사람을 자신의 팀원으로 두어야 할까?

한 가지만 기억하면 된다. 바로 당신 같은 사람이다.

당신처럼 언젠가는 C가 되길 원하는 사람, 일을 단순히 월급을 받기 위한 '의무'로 바라보는 것이 아니라 올라설 수 있는 '기회'로 바라보는 사람, 언제까지나 당신이 책임져야 할 것 같은 사람이 아니라 언젠간 당신이 떠나보내야만 할 것 같은 야심가.

그런 사람을 자신의 팀원으로 두어야 한다. 그런 사람일수록 적극적으로 배우고, 당신의 역량을 훔치려 들 것이며, 그런 사람이야말로 자기 나름의 고민과 연습을 통해 당신이 내놓은 전략을 훌륭히 실행해갈 수 있기 때문이다.

능동적 오퍼레이터는 C로 성장하기 위한 과정 중 하나다. 능동적 오퍼레이터가 자신의 권한과 역량을 최고 수준까지 끌어올리면 결국 C가 된다. 그러니 자신의 팀원을 선택할 때는 C가 될 가능성이 보이는 사람을 고르는 것이 가장 유리하다. 언젠간 떠나보내야만 하는 사람을 내 사람으로 둬야 한다는, 어찌 보면 역설적인 이 이야기를 기억해야 한다.

당신은 어떤 팀에서 일할 것인가

이 책을 읽을 예상 독자를 생각하며, 마지막으로 약간 다른 관점의 이야기를 하고자 한다. 만약 이 책을 읽는 당신이 아직 나이가 어린 신입사원이거나 해당 직무 경험이 부족한 사람이라면 어떻게 해야 할까? 그런 사람이라면 자신의 팀원을 가지는 것도, 팀원을 관리하는 것도 한참 먼 미래의 이야기로 들릴 수 있을 것이다. 그런 당신에게도 이 이야기가 가치 있을까?

충분히 가치 있는 이야기라고 확신한다. 왜냐하면 지금까지의 이야기를 정확히 역으로 생각하면 앞으로 당신이 해야 할 일이

정해지기 때문이다. 바로 이제껏 했던 이야기와 일치하는 팀을 찾으면 된다. 그런 팀에 소속되기 위해 준비하라는 뜻이다.

당신을 성장시킬 수 있는 팀을 찾아라.

그 팀에 소속돼 '능동적 오퍼레이터'로 당신을 한 단계 진화시켜라.

그 팀 안에서 미래의 C레벨이 되기 위한 인큐베이팅을 해나가라.

만약 당신이 이직을 생각하고 있다면 당신이 갈 회사에 물어야 할 가장 중요한 질문은 이것이다.

'나는 어떤 팀에 소속돼 일하는가?'

'그 팀의 C레벨은 어떤 사람인가?'

'명분을 팀원에게 충분히 전달하는 사람인가?'

'자신이 모든 책임을 지는 사람인가?'

'확실한 보상을 제공하는 사람인가?'

면접에서 연봉과 근무 환경, 복지만 묻는 사람이 되지 말아야 한다.

자신의 강점을 어필하는 것만큼이나 당당하게 위의 질문을 던져야 한다. 그 회사에 당신을 C로 끌어올려줄 팀이 있는가를 말이다. 당신은 이미 훌륭한 씨앗이기에, 당신을 더욱 멋지게 자라게 해줄 비옥한 토양을 찾아야 한다는 이야기다.

부족장 없는 부족원은 방황할 뿐이지만, 부족원 없는 부족장이란 애초에 존재할 수 없다. C레벨이라면 당연히 자신의 부족원이 있어야 한다. 그 부족원을 시키는 대로만 일하는 수족으로 만들 것인지, 아니면 지시에 담긴 뜻을 이해하고 그 뜻을 관철시키기 위해 최선의 노력을 다하는 심복으로 만들 것인지는 C레벨의 역량에 달려 있다. 당신에게 무엇이든 믿고 맡길 수 있는 훌륭한 심복이 많아질수록 당신의 위세는 강해진다는 걸 명심하길 바란다.

• 악담의 초월 •

C는 평판을 도구로 사용하는 존재다

하버드대학교 정신과 교수 마사 스타우트Martha Stout 박사는 40년에 걸친 임상 심리 상담과 실험을 통해 25명 중 한 명은 양심 및 도덕 결여자, 즉 '소시오패스'임을 발견했다. 그의 통계에 따르면 주변의 지인들 중 한두 명쯤은 소시오패스라는 이야기다. 이 정도면 적은 비율이라고는 할 수 없는 수준이다.

그런데 기업은 이보다도 더하다. 어느 기사에 따르면 대기업 임원 10명 중 여섯 명은 소시오패스적 성향을 가지고 있다고 한다. 어쩌면 이것은 현대 사회의 어두운 이면일지도 모른다. 한 기업에서 임원으로 성공하기 위해서는 타인의 아픔 따위는 신경 쓰지 않고, 자신의 이익을 위해서라면 비도덕적 행위도 거리낌 없이 할 수 있어야 한다는 뜻으로도 해석되기 때문이다. 실제로 회사에서 누군가와 만날 때 높은 직급을 대할수록 어딘지 모르게 비인간적이고 잔인하다고 느끼는 직장인이 많다고 한다. 이런 이야기들을 듣다 보면 성공하기 위해서는 잔인해져야 한다는 말에 어느 정도는 수긍이 간다.

그렇다면 C레벨은 어떨까? C레벨이 되는 데도 소시오패스적 성향을 가진 편이 좀 더 유리할까? 타인을 배려하지 않고, 관용이라곤 모르며, 오직 자기의 이익만을 위해 돌진하는 사람이 C레벨에 더 빨리 도달할 수 있을까? 결론부터 이야기하자면 그렇지 않다. 오히려 그런 자세는 진정한 의미의 C레벨에 도달하지 못하게 만든다. 어째서일까?

이기적이고 비도덕적인 행동을 하는 사람보다 이타적이고 도덕적인 행동을 하는 사람의 가치가 C레벨의 세계에선 훨씬 높게 평가받기 때문이다.

단순히 권선징악과 같은 도덕적인 이야기를 하려는 것이 아니다. 실제 자원으로 환산할 수 있는 가치가 더 높다는 이야기다. 회사와 개인 모두에게 말이다.

먼저 기업의 관점에서 살펴보자. 이미 여러 번 언급한 바 있지만, C레벨은 곧 기업 그 자체다. 이 말은 C레벨의 대외적인 행동이나 평가가 곧 기업의 평가와 직결된다는 뜻이다. 우버 CEO의 섹스 스캔들이나 위워크 CEO의 공금 횡령 사건, 그리고 트위터에 올린 글 하나로 하루 만에 시가총액 17조 원을 증발시킨 테슬라 CEO 일론 머스크의 사례를 보면 이것이 무슨 말인지 쉽게 이해할 수 있다.

이처럼 C레벨의 사회적·도덕적 일탈 행위가 회사의 리스크로 이어지고, 회사에 막대한 피해를 끼칠 수 있다는 사실이 여러 차례 증명되었다. 예전에는 이런 일이 주로 CEO에 한해 일어났기 때문에 이를 'CEO 리스크'라 불렀다. 하지만 C레벨의 시대가 오면서 이제는 개인적인 행동이나 발언으로 기업 전체에 영향을 끼칠 수 있는 사람이 더 늘어났다. 리스크가 CEO에서 C레벨로 확대된 것이다. 기업의 입장에서 보면, 이런 상황에서 자사의 내·외적 가치를 훼손할 가능성이 높은 비도덕적 인재보다 그렇지 않은 인재에게 C레벨을 맡기는 편이 훨씬 안전하다. 결국 C레벨의 도덕적 평판은 기업이 신경 써야 할 리스크 중 하나가 되었다.

박용후 피와이에이치 대표는 '좋은 기업'에 대해 이렇게 말한다.

"근본의 차이인데요. 착한 기업, 좋은 기업은 배려가 있어요. 카카오 김범수 의장이나 우아한형제들의 CEO였던 김봉진 의장 같은 분들은 타인에 대한 배려가 남다른 사람이에요. 그런 분들이 오래가더라고요. '배려하는 척' 하는 것과 '진짜 배려하는 것'은 달라요. 가만히 보면 배려하는 척만 하는 사람이 70%, 진짜 그런 성향을 가진 사람이 30%예요. 흉내야 낼 수 있지만 길게 못 가요. 결국 다 들통이 나지요. 저는 그런 분들을 많이 봤어요."

왜 채용 공고에는 C레벨의 자리가 없을까

이는 기업 입장에서의 이야기이기에, 누군가는 C레벨 개인의 입장을 위해서는 이기적으로 행동하는 편이 더 유리하지 않느냐고 물을 수도 있다. 그러나 개인의 입장에서 생각해봐도 마찬가지로 이타적인 사람이 더 유리하다. 생각해보라. 사람인, 잡코리아와 같은 구인구직 사이트에서 C레벨을 뽑는다는 공고를 본 적이 있는가?

C레벨은 공개 채용을 통해 뽑지 않는다. 몇 장의 이력서와 자기소개서, 한 시간 남짓한 면접만을 통해 선불리 직책을 맡기기에는 C레벨이라는 자리가 너무 중요하기 때문이다. C레벨을 정할 때는 대부분의 기업이 내부 평가를 통해 내부 직원을 승격시키거나, 믿을 만한 누군가로부터 추천받아 스카우트한다. 결국 C레벨은 서류가 아닌 '사람의 평가'에 의해 선별된다.

비즈니스의 관점에서 다른 사람을 추천한다는 것은 일종의 보증을 서는 것이나 마찬가지다. 또한 추천해줘야 하는 자리가 중책일수록 추천해주는 사람의 책임은 더 무거워진다. 그러니 C레벨에 오를 사람을 추천할 때는 책임이 얼마나 무겁겠는가.

그래서 누군가를 추천할 때 기업인들은 '추천할 사람이 자신의 신용에 누가 되지 않는 사람인지'를 가장 중시한다. 그런 사람이란 크게 세 가지의 조건을 갖춘 사람이다.

첫째, 맡겨진 역할을 훌륭히 수행했던 이력이 있어야 한다.

둘째, 지금도 여전히 업무에 대한 역량이 높아야 한다.

마지막으로 인성과 태도에 리스크가 없는 사람이어야 한다.

이 세 가지 조건 중 어느 한 가지라도 빠지면 자신 있게 추천하기가 망설여진다. 업무 역량은 출중하나 이기적인 행동으로 늘 지탄받는 사람, 혹은 사람은 좋지만 업무 역량이 많이 떨어지는 사람을 내 신용을 걸고 추천하기는 아무래도 쉽지 않다.

좀 더 생각해보면 누군가를 추천할 때 업무 역량은 굳이 고려할 필요가 없다. 역량은 그 사람의 이력이 증명해주기 때문이다. 결국 추천인의 평가가 가장 많이 필요한 영역은 인성이다. 그리고 조직력을 중시하는 회사일수록 인성이 좋은 사람을 뽑으려 하는 경향이 강하다.

두물머리의 천영록 CEO는 "팀원을 뽑을 때 조금이라도 선민

의식이 보이는 사람은 아무리 능력이 훌륭할지라도 뽑지 않는다"라고 단호하게 말했다. 자신의 직무만 중시하고 다른 직무를 하찮게 여기는 사람이 들어온다면, 그가 아무리 일을 잘할지라도 결국 팀 화합이 무너지고 이는 회사 입장에서 엄청난 손실을 발생시킬 것이라는 판단 때문이다.

이런 경향은 다른 기업도 마찬가지다. 미국의 경우, 대기업을 중심으로 C레벨의 업무 계약에서 도덕 규약을 점점 강화하는 추세를 보이고 있다. 이는 대기업을 넘어 실리콘밸리의 스타트업으로도 확산되고 있다. 많은 기업이 점차 C레벨의 도덕적 해이를 큰 리스크로 인식하고, 중대한 퇴사 사유로 판단하고 있다는 증거다.

결국 C레벨이 되고 싶다면 '선한 인성'을 갖춰야 한다. 기업의 입장에서 당신의 인성을 리스크라고 여기지 않을 만큼의 선함, 타인이 당신을 추천할 때 인성 때문에 고민하지 않을 정도의 선함. 즉, 쉽게 말해 '평판'이 좋아야 한다.

선해지지 마라, 다만 선함을 이용하라

성공한 C레벨일수록 평판의 소중함을 너무나 잘 알고 있다. 평판이 좋으면 자기가 속해 있는 회사에서 입지가 높아질 수밖에 없다. 또한 좋은 평판은 경쟁사나 관련 기업 등 주변에서도 당신을 원하게 하는 매력으로 작용한다. 즉, 평판이 좋을수록 회사에서의 일은 원활해지며 당신의 몸값이 올라갈 기회도 많아진다.

좋은 평판을 받아야 한다는 말과 착하게 살아야 한다는 말은 비슷해 보이지만 사실 매우 다르다. 매사에 착하게 구는 모습이 반드시 좋은 평판으로 이어지진 않는다. 여기에 '선함의 딜레마'가 있다. 현실에서는 선한 사람일수록 주변에서 만만하게 여긴다. 다른 사람들이 자신의 이익을 위해 선한 사람을 이용하려 달려드는 모습도 흔하다. 그런 사람은 속된 말로 '호구'다.

스페인의 철학자 발타자르 그라시안Baltasar Gracian은 선하다는 평가는 칭찬이 아니며 오히려 경계해야 할 대상이라고 표현했다. 그는 선함을 '예측 가능한 범주에 머무르는 어리석음'이라고 말한다. 누군가가 당신을 선하다고 말하는 건 당신이 주변인의 예측대로 행동하기 때문이라는 것이다. 무엇을 하든 예측 가능한 범주에서 행동하는 사람을 대중은 존중하지 않는다.

여기에서 당신이 얻어야 할 평판의 실체가 나온다. 이는 앞에서 말했듯이 '기업이 리스크라 판단하지 않으며 타인이 당신을 추천할 때 자신의 신용에 누가 되지 않을 것이라 판단할 정도, 그렇지만 당신을 얕보지는 못할 정도의 선함'이다. 다소 조건이 많지만, 이것이 당신이 얻어야 할 평판의 성질이다.

그럼 어떻게 해야 이런 '적절한 선함'을 갖출 수 있을까? 주도성을 갖고 선하게 행동하면 된다. 사람들은 주도성 없이 선하게 행동하는 것을 놀랍도록 잘 알아보며, 그런 이들을 얕잡아본다. 이를테면 거절할 용기가 없어서 착하게 구는 것, 대인 관계가 악화되는 것이 두려워 억지로 부탁을 들어주는 행동 등이 수동적인 선함이다. 이는 진짜 선이 아니며, 그저 행동과 태도에 대한 자신만의 기준을 갖지 못해서 생기는 부작용일 뿐이다. 일명 '착한아이 콤플렉스'다. 이는 결코 좋은 평판으로 이어지지 않는다.

반면 주도적인 선함이란 스스로의 기준과 규칙을 갖고 그에 따라 선하게 행동하는 것이다. 그런 사람들은 자신만의 신념을 갖고 있고 그 신념에 따라서만 행동한다. 당신이 명확한 기준과 신념을 갖고 행동하면 타인들도 그 신념을 느끼고 그걸 넘어서는 요구를 하지 않는다.

'스스로 확신을 갖고 행동할 때 나오는 선함'이 진짜 선함이다. 이런 사람들은 착하게 살아야 한다는 압박 때문에 자기를 희생하면서까지 착하게 굴지 않는다. 신념을 갖고 타인을 배려하기는 하나, 타인에게 사랑받기 위해 애쓰지 않는다.

오히려 타인의 신뢰를 얻기 위해 선함 그 자체를 이용한다. 자신이 선한 것 자체가 중요한 게 아니라, '타인이 나를 선하다고 평가하게 만드는 것'이 중요하다는 사실을 알기 때문이다. 그런 사람들은 어떻게 행동하는 것이 자신의 평판을 높이는 데 도움이 될지 치밀하게 계산해 일종의 도구로써 선함을 이용한다.

진화학에서는 이런 태도를 '호혜성 이타주의Reciprocal Altruism'라고 표현한다. 미국의 진화생물학자이자 사회생물학자인 로버트 트리버스Robert Trivers가 만든 이 개념은 생물학적 이타주의의 일종으로, '다른 개체가 언젠가 자신을 도와줄 가능성이 높다는 전제하에 지금 자신을 희생해 다른 개체를 돕는 행위'를 의미한다. 사실 선한 행동에는 대부분 어느 정도의 자기 희생이 필요하다. 그게 시간이든, 돈이든 혹은 다른 무엇이든 말이다.

'도덕적인 사람이 되는 데 맹목적으로 매달리는 것이 아니라, 미래의 목적과 더 큰 이익을 위해 기꺼이 희생을 감내해내는 태도.'

이것이 바로 당신이 가져야 할 선함의 실체이며 당신이 선함을 '이용'하는 자세를 가져야 하는 이유다. '호혜성 이타주의에 기반한 주도적인 선함'이 바로 당신의 좋은 평판을 만들어주는 C의 유전자다.

누구에게 호의를 베풀 것인가

좋은 평판은 어떤 행동을 통해 만들어질까? 지금부터 몇 가지 관점을 살펴보며 구체적인 행동 방향을 알아보기로 하자. 먼저 주도적인 선함을 가장 잘 설명한 사람은 애덤 그랜트Adam Grant다. 펜실베이니아대학교 와튼스쿨 최연소 종신 교수인 그는 자신의 저서 『기브 앤 테이크』를 통해 현대 사회를 살아가는 사람들을 기버Giver, 테이커Taker, 매처Matcher 세 부류로 나누어 분석했다.

간단하게 말하자면 기버는 받는 것보다 주는 것을 더 좋아하는 성향, 테이커는 준 것 이상으로 받기를 원하는 성향, 매처는 받은 만큼만 돌려주는 성향이다. 어찌 보면 기버는 아낌없이 주는 사람, 테이커는 착취하는 사람, 그리고 매처는 계산적인 사람이라고 말할 수도 있다.

그랜트는 수천 명의 사람들을 이 세 가지 성향으로 나눈 후 그들의 과거와 현재를 분석한 결과 아주 재미난 사실을 하나 알아냈다. 기업에서 낮은 성과를 내는 사람들 중에는 기버 성향을 가진 사람이 가장 많았다는 것이다. 여기까지는 납득할 수 있다. 주기만 하다 보면 그만큼 자기 시간과 자원을 타인에게만 소모하게 된다. 그러면 정작 자신을 위해 투자할 시간과 자원이 적어지고, 결과적으로 성과가 낮아지는 건 당연해 보인다. 재미있는 것은 이다음 분석이다.

그렇다면 가장 높은 성과를 내는 사람들은 어떤 성향의 사람일까? 남의 것을 뺏는 테이커일까? 아니면 계산적인 매처일까? 놀랍게도 가장 높은 성과를 내는 사람들 역시 기버 성향을 가진 사람이 가장 많았다. 즉, 회사에서 성과를 제대로 내지 못하고 뒤처지는 사람들도, 높은 성과를 내면서 승승장구하는 사람들도 모두 기버 성향을 가지고 있었다.

같은 기버 성향인데 왜 이렇게 극과 극의 결과가 나타나는 걸까? 바로 이 차이에 당신이 취해야 할 행동의 중요한 기준이 숨어 있다. 애덤 그랜트는 낮은 성과를 내는 기버와 높은 성과를 내는 기버의 결정적인 차이가 '주는 대상'에 있다는 것을 밝혀냈다. 낮은 성과를 내는 기버는 테이커나 매처에도 균등하게 나누어주는 행위를 했다. 자신의 자원을 주는 대상에 명확한 기준이 없었던 것이다.

반면 높은 성과를 내는 기버는 주로 기버에게만 호의를 베풀었다. 받는 것보다 주는 것을 더 좋아하는 기버 성향의 사람에게 먼저 무언가를 주면, 그 사람도 더 많은 것을 돌려주기 위해 노력한다. 이것이 기버만이 가진 증폭의 힘이다. 높은 성과를 낸 기버는 자신에게 더 많은 것을 되돌려줄 가능성이 높은 대상을 선별해, 그런 사람들에게 먼저 호의를 베푸는 '전략적인 선함'을 실천했다. 호혜적 이타주의에 가장 부합하는 예다.

당신도 평판을 위해 선한 행동을 실천할 때는 그랜트의 이 분석을 참고해야 한다. 먼저 당신이 기버가 되고, 당신 주변의 사람들 중 누가 기버인지, 테이커인지 혹은 매처인지를 구별할 수 있는 기준을 세워라. 그 기준이 당신의 룰이 된다.

당신이 먼저 누군가에게 도움을 주고, 그 사람이 후에 어떤 태도와 반응을 보이는지를 관찰하면 그의 성향을 유추할 수 있다. 그렇게 주변인들이 무슨 성향인지 구별한 후에는 그들의 성향에 따라 전략적으로 다르게 행동하는 것이다.

상대가 테이커라면 굳이 그 사람에게 시간과 정성을 쏟아가며 도움을 줄 필요가 없다. 하지만 테이커로부터 당신이 배울 수 있는 것도 하나 있다. 바로 원만하게 거절하는 방법이다. 잘 거절하는 것도 선하게 행동하는 것만큼이나 중요하다. 잘못된 거절은 상대에게 반감을 살 수 있고, 이는 곧 악담으로 이어진다. 악담을 늘리는 건 당신의 평판에 좋을 것이 없다. 그러니 테이커가 부탁을 해올 때도 그의 기분이 상하지 않도록 영리하게 거절해야 한다.

어떤 이는 상대가 테이커라면 자기는 매처가 되어야 한다고도 말한다. 상대가 받기만 원하는 사람이라도, 계산적으로 행동해 자신이 준 것과 대등한 것을 받아낼 수 있어야 한다는 논리다. 분명 맞는 말이지만 현실에서 실천하기는 쉽지 않다. 테이커 성향을 가진 이들은 당신이 매처가 되어, 그들로부터 당신이 준 것과 똑같은 만큼의 자원을 받아 간다고 해도 당신에게 악담을 할 확률이 높다. 살면서 적반하장으로 행동하는 사람들을 여럿 보지 않았던가? 테이커는 자신이 오롯이 받기만 해야 직성이 풀리는 존재다. '눈에는 눈, 이에는 이'라는 말도 있지만, 때론 그냥 피하는 게 나은 것들도 있다. 그렇기에 테이커를 상대로는 어떤 형태든 주고받는 관계를 만들기보다는 원만히 거절하는 법을 배워서 최대한 멀리하는 것이 당신의 소중한 시간을 아끼고, 평판도 지키는 길이다.

상대가 매처라면 테이커에 비해 당신이 신경 써야 하는 것들이 줄어든다. 애초에 그들은 등가 교환을 원하는 사람이기에, 그들의 요구를 들어주는 건 당신에게도 나쁘지 않은 선택지일 수 있다. 다만 상대가 정확히 50 대 50을 원하는 사람이라면, 당신이 조금이라도 더 호의를 베푸는 것이 이롭다. 등가 교환을 좋아하는 사람일수록 자신이 더 받은 것을 미안해한다. 그 미안함은 곧 당신에게 언제든 갚아야 할 빚이 있다는 생각으로 이어진다. 그 빚이 쌓여, 결국 결정적인 순간에 당신에 대한 좋은 평판으로 돌아올 가능성이 높다. 이 역시 일종의 처세술이다.

하지만 매처 성향을 가진 사람들에게 너무 많은 시간을 투자

하지는 말자. 매처와의 관계는 아무래도 수지가 맞지 않는다. 일에 필요한 만큼만, 이왕이면 약간의 희생을 통해 그에게 약간의 빚을 안겨주는 정도가 적당함을 기억하라.

대가 없는 호의가 평판을 만든다

마지막으로 상대가 기버 성향이라면 당신은 그 사람을 잡아야 한다. 기버에게는 미래를 위해 투자한다는 마음으로 먼저 많은 것을 베풀어야 한다. 특히 상대가 수동적인 기버일 때는 더욱 그렇다. 당신이 많은 것을 줄수록 수동적인 기버들은 그 곱절의 반사 이익을 돌려준다. 늘 어쩔 수 없이 주기만 했던 기버들에게 당신이 건네는 대가 없는 도움과 선의는 큰 감동으로 다가올 것이다. 기버에게 선의를 보일 때에는 '아무런 대가가 없다'는 점을 어필하는 것이 중요하다. 대가 없는 선의일수록 기버는 더욱 크게 반응하기 때문이다.

그리스 신화는 영웅이 되고자 하는 이들에게 다음과 같은 메시지를 전한다.

"만약 당신이 영웅이 되고 싶다면 일단 거리 밖으로 나가 사람들에게 어떤 도움이라도 줘라. 도움을 주었다면 아무런 대가를 바라지 말고 그 길로 돌아서라. 그때 사람들이 무언가를 주려 한다 해도, 그 순간의 보답을 마다하라. 무엇도 바라지 마라. 그리하면 도움을 받은 이들은 고기와 술이 아니라 수백 명에게 당신을 칭송함으로써 보답할 것이다. 그것들이 쌓이면 어느 순간 그리스 전역이 당신에 대한 숭배로 가득 찰 것이다."

도움받은 이들의 칭송이 영웅을 만든다. 회사에서 이것을 해줄 수 있는 사람이 바로 기버임을 명심하라. 당신이 주는 모든 대가 없는 도움은, 실은 '평판'이라는 큰 대가를 위한 씨앗임을 늘 기억해야 한다.

만약 당신이 선천적으로 타고난 기버라면 지금까지의 말에 반감을 가질 수도 있다. '아무리 그래도 사람을 평가해서 나누고 사람마다 다르게 대하라니, 너무 계산적인 것 아닌가?' 하며 말이다. 그런 당신에게 꼭 하고 싶은 말이 있다.

모든 것은 결국 희소성에 의해 가치가 매겨진다.

모든 사람에게 좋은 사람이란 어쩌면 그 누구에게도 고마운 사람이 아닐지도 모른다.

특별히 나에게만 베풀어주는 선함, 나에게만 주는 조건 없는 행동. 사람은 이런 희소성에 고마움을 느끼기 마련이다. 당신이 지금 해야 하는 일은 '선해지는 것'이 아니라 '선함을 당신의 평판을 위해 이용하는 것'임을 명심하라.

기버에게 무언가를 해주는 행위는 '네트워크'라는 아주 귀한 자산을 선물해준다. 네트워크란 '당신이 비즈니스 관계자들과 중장기적으로 맺는 긴밀한 관계'다. 흔히 말하는 '일에 필요한 인맥'이 바로 네트워크다. 사회적으로 성공한 사람일수록 네트워크의 중요성을 잘 인식하고 있고, 언제나 자신만의 네트워크를 강화하고 확장하기 위해 노력한다.

예를 들어 일반적인 절차를 거친다면 3개월이 넘게 걸릴 일을 네트워크는 전화 한 통으로 해결해준다. 혼자서는 막대한 시간이나 자금을 들여야 해결되는 문제도 간단하게 처리해준다. 그래서 가난한 사람은 문제가 생겼을 때 구글을 찾지만, 부자는 문제가 생겼을 때 전화번호부를 뒤진다.

네트워크는 일을 더욱 잘되게 도와주고, 일에 문제가 생겼을 때 가장 효율적으로 해결해준다. 이런 네트워크는 기본적으로 '상호 간의 기빙giving 행위'를 통해 만들어진다. 특히 주고받는 기빙의 규모가 비대칭을 이룰 때 더욱 강화된다. 기빙이 비대칭을 이룬다는 것은 서로 도움을 주고받는 시기와 규모가 다름을 의미한다. 즉, 누군가에게 도움을 받으면 그 선의를 기억하고 있다가 자신이 도움을 줄 수 있는 순간이 오면 이자까지 쳐서 되돌려주는 것을 말한다. 주고받는 시기가 달라질수록, 주고받는 도움의 크기가 커질수록 네트워크는 강화된다. 그리고 이는 기버끼

리 관계를 맺을 때 가장 극대화된다.

테이커와의 관계에서는 네트워크 구축이 당연히 힘들다. 주고받는 것이 애초에 원활히 이루어지지 않기 때문이다. 매처의 경우도 마찬가지다. 매처는 받은 만큼 주고 준 만큼 받아내는 사람이다. 주고받는 것이 동시에 일어나기에, 서로의 도움과 도움 사이에 이자가 붙기 힘들다. 기버는 지금 받은 도움을 언제나 기억하고, 자신이 돌려줘야 하는 순간이 왔을 때 확실하게 이자를 쳐서 돌려준다는 점에서 매처와는 완전히 다르다. 네트워크를 가장 확실하게 쌓을 수 있는 존재들이 바로 기버다. 이런 네트워크들은 당신의 평판을 좋게 만들어주는 확실한 무기가 될 뿐만 아니라, 도움이 필요한 순간 당신이 언제든지 꺼내 쓸 수 있는 강력한 무기로 작용한다.

좋은 평판을 받고 싶다면 반드시 기억하라.

당신의 선한 행동은 반드시 희소성을 가져야 한다.

사람을 테이커, 매처, 기버로 구별할 수 있는 판단과 기준을 세워야 한다. 그렇게 사람들을 구별한 후, 언젠가 높은 이자를 붙여서 호의를 돌려줄 사람이라고 판단된다면 기꺼이 호의를 베풀어라. 만약 그럴 만한 사람이 아니라면 당신의 시간과 자원을 아껴라. 그로써 영리하게 네트워크를 구축하고 평판을 드높여라.

좋은 평판을 받는 법

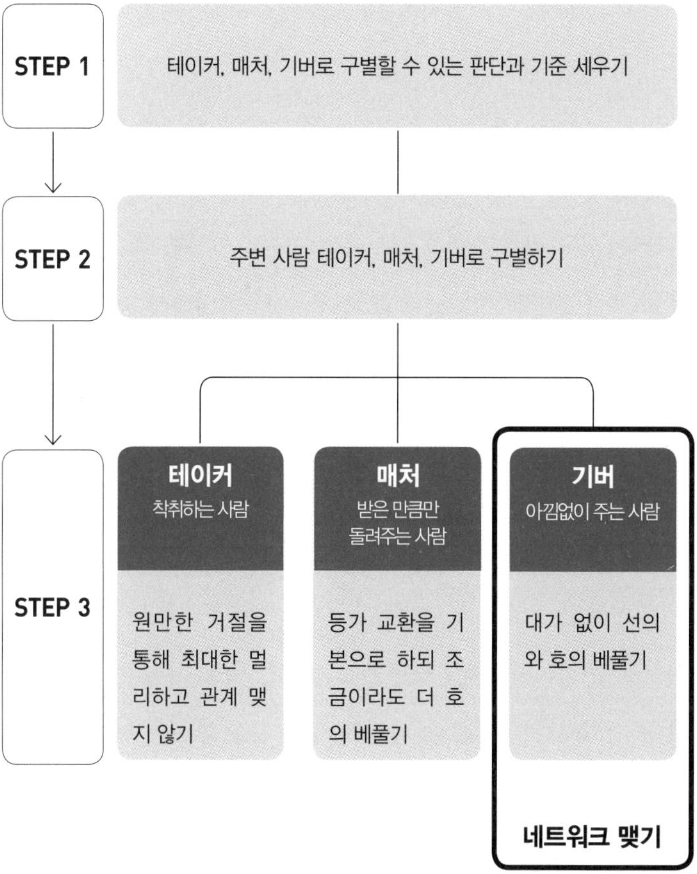
STEP 1
테이커, 매처, 기버로 구별할 수 있는 판단과 기준 세우기
STEP 2
주변 사람 테이커, 매처, 기버로 구별하기
STEP 3
테이커
착취하는 사람
원만한 거절을 통해 최대한 멀리하고 관계 맺지 않기
매처
받은 만큼만 돌려주는 사람
등가 교환을 기본으로 하되 조금이라도 더 호의 베풀기
기버
아낌없이 주는 사람
대가 없이 선의와 호의 베풀기
네트워크 맺기

당신이 진정으로 충성해야 할 대상

평판에 대해 이야기할 때 빼놓으면 안 될 주제가 하나 있다. 바로 '사내 정치'다. 조직원에 대한 평가가 가장 활발히 일어나는 곳이 사내 정치이기 때문이다.

대부분의 사람들은 사내 정치를 싫어한다. 하지만 "세 명이 모이면 정치가 시작된다"라는 속언이나 "인간은 본디 정치적인 생물"이라는 아리스토텔레스의 격언에서도 짐작할 수 있듯이, 예로부터 정치와 인간은 떼려야 뗄 수 없는 관계였다. 사내 정치가 존재하지 않는 회사는 거의 없다.

사내 정치에 대해 긍정적으로 보는 견해도 있고, 사내 정치를 효과적으로 통제할 수 있는 운영법에 대한 이야기도 여럿 있지만 여기서는 생략하고자 한다. 애초에 긍정적인 사내 정치라면 굳이 언급할 필요가 없고, 한 사람의 노력으로 사내 정치를 효과적으로 운영하는 것은 불가능에 가깝기 때문이다. 이 책에서는 사내 정치라 하면 대부분의 사람들이 스트레스를 받는 이유인 '평판과 관계의 관점'에 집중해 이야기해보려 한다.

사내 정치에서 오는 스트레스는 결국 '누구에게 충성할 것인가'라는 질문에서 비롯된다. 누구에게 아첨하고 아부할지, 어떤 파벌에 붙고 누구에게 줄 설 것인지와 같은 결정들은 곧 충성 대상을 선택하는 문제로 귀결되기 때문이다. 많은 사람이 헤매는 이 문제에도 해법은 있다. 이는 C레벨로서의 평판을 올려주기까지 하는 유용한 방법이다. C레벨과의 인터뷰 중 그 해법에 대한 이야기를 가장 잘 표현해준 사례가 있어 이를 먼저 소개하고자 한다.

우리가 인터뷰했던 모 회사의 C레벨이 다른 기업의 기획 자문위원을 맡게 되었을 때의 일이다. 쉽게 설명하기 위해 그를 'A'라 칭하겠다. A에게 자문을 구한 곳은 누구나 이름을 대면 알 만한 대기업이었다. 그 회사에 자문을 해주기 시작하면서 A는 임원급 회의에 자주 참석했는데, 그는 거기서 임원과 C레벨의 결정적 차이를 목격했다고 말했다. A는 그 숱한 임원진 중 오직 한 사람, B에게만 긍정적인 인상을 받았다고 했다.

A는 참석한 시간 대부분이 낭비라고 여겨질 만큼 회의가 언제나 무의미했다고 회상했다. 이유인즉슨, 임원들은 회의 시간 내내 자신의 파벌을 챙기거나 다른 파벌을 폄하하기 바빴기 때문이다. 정치적이고 소모적인 알력 싸움만 가득했던 것이다.

A의 회상에 따르면, B는 그 와중에도 누구의 편도 들지 않고 자신이 관여한 프로젝트에 대해 직무적 관점에서의 의견만 제시했다고 한다. 물론 그에게도 다양한 반론이 제기되었는데, 어떤 반론은 차마 임원이 하는 말이라고는 생각할 수 없을 정도로 수

준이 낮고 정치적이기만 했다. 하지만 그런 반론에도 B는 초지일관 오직 업무적인 태도로만 차분하게 대응했고, 결코 언성을 높이거나 개인적인 감정을 일에 담지 않았다.

우연히 이야기를 나눌 기회가 생겨 A는 B에게 어떻게 그렇게 평정심을 유지하고 회의에 집중할 수 있는지를 물었다. 그때 B의 대답은 짧고도 간결했다.

"일을 하기로 계약을 했으니까요. 계약은 지켜야 하니까요. 누가 뭐라고 하든 상황이 어떻든, 나는 일을 해야 합니다."

사내 정치는 충성의 문제다. 대부분의 사람들은 충성 대상을 '사람'으로 정한다. 하지만 사람에게 충성하는 것은 가장 하수의 정치다. 사람에게 충성하는 순간 하기 싫은 말을 해야 하고, 하기 싫은 일을 해야 하며, 반대 파벌의 악담을 감내해야 한다.

기억하라. 당신이 충성해야 할 대상은 사람이 아니다.

충성해야 하는 건 이 일을 맡으면서 회사와 맺은 계약이다.

지켜야 하는 것은 사람과의 의리가 아니라 회사와의 의리다. 회사와 약속한 일을 어떻게든 완수하고자 노력하는 것. 당신이 지켜야 하는 것은 오직 이 한 가지다.

당신이 이 사실을 기억하고 회사에 충성한다면 사내 정치로부터 비교적 자유로워질 수 있다. 조직은 그런 사람을 알아본다. 당신이 오로지 회사와 계약한 일을 잘하겠다는 목적으로 일한다는 걸 회사에 각인시키면, 당신이 어떤 말을 하고 무슨 행동을 하든 파벌이나 라인에 의한 행동으로 인식되지 않는다. 사람들의 의심과 의미 부여로부터 자유로워지는 것이다.

반면 사람에 충성하면 당신이 무슨 행동을 하든 사람들은 색안경을 끼고 바라본다. 당신이 파벌이나 라인을 위해 그 행동을 하는 것이라고 말이다. 그런 의심이 당신에 대한 악담을 퍼뜨리는 결정적인 불씨가 된다. 계약에 충성하는 사람은 이런 의심을 피할 수 있다.

애초에 모든 직원이 회사에서 일을 하는 건 회사와 계약을 맺었기 때문이다. 일정 수준의 급여를 받고 사회적 안정을 보장받는 대신, 자신의 역할을 충실하게 이행해 회사에 이익을 안겨줘야 한다는 계약 말이다. 이 계약이야말로 회사에 직원이 존재하는 이유이고, 지위를 막론하고 직원이라면 누구든 지켜야 하는 의리다.

계약한 내용을 지키기 위해 최선을 다하는 사람과 일하고 싶지 않은 사람은 없다. 특히 자신이 더 높은 곳으로 올라가길 원하는 사람일수록 그런 성향은 더 강하다. 야망이 큰 사람일수록 아첨만 하는 무능력한 사람보다는 일에 전력을 다하는 사람이 필요하기 때문이다.

일에만 충성하면 '예쁨받는 직원'은 될 수 없을지 모른다. 하지만 '신용받는 직원'은 될 수 있다. 저 사람에게 일을 맡기면 일단 결과는 차치하더라도 최선을 다해 일을 할 것이라는 신용 말이다. 이 신용이야말로 당신의 평판을 완성하는 강력한 퍼즐이다. 결국 계약에 충성을 다하고 회사와의 의리를 지키는 행위는 가장 훌륭한 사내 정치이자, 평판까지 좋게 해주는 최고의 해법이다.

단 한마디로 악담을 피하는 법

좋은 평판을 얻는 과정이 순탄치 않을 것임을 인정한다. 하지만 '어렵지만 최선인 길'과 '쉽지만 차선인 길' 중 하나를 선택해야 한다면 전자여야 한다. 진정한 C레벨이 되고 싶다면 그래야 한다. C의 유전자는 어렵지만 가장 가치 있는 길로 나아가는 자에게만 허락되는 자격이다.

어떤 C레벨과 평판과 사내 정치에 대해 대화를 나눈 적이 있다.

"사내 정치 별것 없어요. '뒷담화'만 안 해도 절반은 먹고 들어가는 게 정치거든요. 사실 저도 뒷담화가 얼마나 재미있는지는 알아요. 직장 다니면서 그것만큼 스트레스를 해소하는 방법도 없고요. 그건 인정합니다. 그래도 저는 뒷담화를 안 해요. 그게 제 철칙이에요. 뒷담화로 내뱉은 말은 반드시 칼이 되어 저에게 돌아옵니다. 뒷담화를 자주 하는 사람은 아무도 신뢰하지 않거든요."

이어서 그는 아주 세속적이지만 많은 이들이 공감할 만한 이야기를 했다. 그의 말을 듣고 있자니 '좋은 평판을 얻는 법이 그리 어렵지 않겠구나' 하는 생각도 들었다.

"그런데 만약 내가 있는 자리에서 누군가의 뒷담화가 시작된다면 어떻게 해야 할까요? 아무것도 모르는 척하는 게 최고입니다. 저는 제가 있는 자리에서 뒷담화가 시작되면 딱 네 마디만 반복합니다. '그래요?', '정말요?', '몰랐어요', '그렇군요' 이 말만 하다 보면 어느새 뒷담화하는 사람은 화가 풀려 있고, 저는 뒷담화에는 참여하지 않은 사람이 되어 있거든요. 사내 정치란 것, 참 쉽지 않나요?"

이 C레벨의 말처럼 사내 정치를 너무 어렵고 무겁게만 생각하지 않기를 바란다. 그가 하는 것처럼 자기만의 기준을 하나씩 설정해 가볍게 실천하다 보면 어느 순간 조금 더 단단해진 자신을 발견할 수 있지 않을까.

아첨과 아부로 사람에게 사랑받길 바라지 마라.

회사와의 의리를 지키며, 사랑이 아니라 신용을 얻기 위해 노력하라.

이것이 결국 우리가 기억해야 하는 평판의 핵심이다.

'운칠기삼運七技三'이라는 말이 있다. 어떤 일을 해나가는 데 재주나 노력은 3할밖에 작용하지 않고, 나머지 7할은 운이 좌우한다는 뜻이다. 이 말에 빗대어 누군가는 말한다. C레벨이 되는 것은 '평칠기삼'이라고 말이다. 능력은 3할이고, 결국 누군가가 자신에게 내리는 평가가 7할이란 것이다. C의 유전자를 갖고 C레벨에 오른 많은 이들이 입을 모아 "강력한 네트워크와 좋은 평판 없이는 C레벨로 진화하기 어렵다"라고 이야기한다.

기버가 되어 다른 좋은 기버들과 탄탄한 네트워크를 구축하고, 사람이 아닌 '일'에 충성하는 태도와 자세로 높은 신용을 획득한다면 당신은 악담으로부터 자유로워질 수 있다. 그로써 '평판'이라는 강력한 C의 유전자를 가지게 될 것이다. 그렇게 우리는 점차 C레벨에 가까워지게 된다.

• 설득의 초월 •

C는 거의 모든 것을 협상하는 존재다

우리는 현업에서 C레벨을 경험했고, 이 책을 집필하면서 진정한 C레벨의 자격에 대해 오랫동안 고민했다. 누군가 우리에게 'C레벨에게 가장 당부하고 싶은 것'이 무엇이냐고 묻는다면 망설임 없이 '고민하기를 멈추지 말 것'이라고 말하겠다. 하지만 '실제로 C레벨이 가장 많이 하는 것'이 무엇인가를 묻는다면 답은 '협상'이다. C레벨은 거의 모든 것을 협상해야만 하는 사람이다.

C레벨이 진행하는 모든 의사결정에는 대외적인 협상 과정이 필요하다. 가령 CMO(최고마케팅책임자)가 광고 효과와 효율성을 분석하는 퍼포먼스 마케팅을 통해 시장 점유율을 높이겠다

는 결정을 내렸다고 해보자. 그러면 이를 내부 마케팅팀에서 진행할지 아니면 외부 대행업체에게 의뢰할지, 외부 대행업체에게 맡긴다면 그 업체와 KPI는 어떻게 협의할지 등을 협상해야 한다.

당신이 CHO(최고인사책임자)라면 어떨까? 새로운 시장 진출을 위한 영업 라인을 채용해야 한다면 면접자들과의 협상이 필요하다. 면접자들을 만나 그들은 회사에 어떤 기여를 할 것인지, 그리고 회사는 이에 대해 얼마만큼의 보상을 줄 것인지를 저울질해야 한다.

스타트업이 투자를 유치해야 하는 상황에서 CFO(최고재무책임자)의 협상력은 곧 기업의 생존과 직결된다. 어떤 투자자와 접촉할 것인지, 투자 유치에 관련된 조건은 어떻게 할 것인지에 따라 그 기업은 성장의 모멘텀을 얻을 수도 있고, 반대로 투자자가 일종의 '족쇄'가 되기도 한다.

즉, 기업의 입장에서 협상력이 부족하다는 것은 엄청난 리스크다. 협상력이 부족한 기업은 열악한 조건에서 일을 해야 하거나, 해야 할 일을 아예 하지 못하는 불상사를 겪을 수도 있다. 훌륭한 협상력은 기업에 반드시 필요한 역량이고, 그래서 기업은 언제나 협상력 뛰어난 C레벨을 영입해 자사의 리스크를 줄이고자 노력한다. 협상력이 아주 중요한 C의 유전자가 될 수밖에 없는 이유다.

C레벨은 회사 밖뿐만 아니라 회사 안에서도 수없이 많은 협상을 해야 한다. C레벨은 다른 직무를 수행하는 C레벨과 의견을 조율할 일이 많기 때문이다. CMO가 새로운 마케팅을 추진하기 위해서는 CFO와 비용 문제를 합의해야 한다. CSO(최고전략책임자)가 새로운 전략으로 신시장을 개척하려 한다면 CHO와 인사 문제를 합의해 인원을 구성해야 한다. CEO의 의사결정에 따라 CFO, CSO, CTO(최고기술책임자)가 모두 각각의 직무 분야에서 협의점을 도출해야 하는 경우도 있다. 이처럼 작게는 두 직무 간의 합의부터 크게는 다양한 직무간의 합의까지, C레벨이 협상해야 할 일은 무궁무진하다.

오늘의 협상이 내일의 격차를 만든다

C레벨 개인에게도 협상력은 중요하다. C레벨은 다른 직원들과 달리 급여나 근로 조건의 상한선이 정확히 정해져 있지 않다. 결국 자신의 근로 조건을 어떻게 정할지, 그리고 얼마의 연봉을 받을지는 전적으로 C레벨 개인의 협상 능력에 달려 있다. 동일한 이력과 비슷한 역량을 가진 두 명의 C레벨이 전혀 다른 대우를

받는 경우가 이 세계에서는 너무나 흔하다.

똑같이 중견 기업에서 1억 원가량의 연봉을 받고 C레벨로서 경력을 시작한 A와 B가 있었다. 4년이 지난 후 A는 연봉을 2억 원으로 올려 여전히 그 기업에 다니고 있었다. 반면 B는 이직을 통해 한 핀테크 기업의 C레벨이 되었고, 1억 5000만 원의 연봉과 8%의 지분을 받았다. B는 그 핀테크 기업이 투자를 받으면서 자신의 지분을 신규 투자자에게 매각했고 그로써 21억 원의 양도 차익을 손에 넣었다. 둘은 같은 연봉으로 출발했지만 결과는 엄청나게 달랐다.

이 두 사람의 결정적인 차이는 협상력에 있다. A는 매년 기업을 크게 성장시키는 성과를 냈음에도 연봉 협상을 할 때마다 순응하는 자세를 보였고, B는 도전적인 협상을 시도했다. 이때 협상이 뜻대로 되지 않으면 자신이 생각하는 수준으로 대우해주는 다른 기업을 찾아 그들과 또 협상했다. 그렇게 끈질기게 협상한 결과, B는 A가 10년 가까이 꼬박 일해야 벌 수 있는 돈을 한번에 거머쥐게 되었다.

비슷한 대우를 받으며 일을 시작한 두 사람의 능력이 4년 만에 10배 이상 차이 나게 된 건 결코 아닐 것이다. 이는 자신의 무형자산을 어떻게 유형자산으로 치환하는가의 문제다. 그리고 그 치환의 중심에 바로 협상력이 있다.

따라서 기업의 리스크를 줄여야 하는 C레벨의 직분을 위해서든, 자신의 앞길을 스스로 개척하기 위해서든 C레벨이 되려는 사람에게는 반드시 협상력이 필요하다. 협상이 이처럼 중요하기에, 세상에는 협상을 연구한 연구가가 무척이나 많다. 문제는 제각기 가장 효과적이라고 주장하는 협상법이 달라서 누구의 방법을 취해야 할지 갈피를 잡기 어렵다는 것이다.

무엇을 얻고 무엇을 내어줄 것인가

협상법은 크게 두 개의 관점으로 나눠볼 수 있다. 협상이 이성의 영역이라고 주장하는 관점, 그리고 감성의 영역이라고 주장하는 관점이다.

협상이 이성의 영역이라고 주장하는 이들은 성공적인 협상을 이끄는 절대적 알고리즘이 존재한다고 말한다. 어떤 주제든 논리와 기술을 발휘한다면 자신에게 유리한 방향으로 협상을 성공시킬 수 있다는 것이다. 따라서 그들은 협상에 필요한 단계와 루틴을 전문적으로 체득해 이를 모든 협상에 기계적으로 적용시킬 수 있는 사람이야말로 진정한 협상가라고 주장한다.

하지만 협상이 감성의 영역이라고 주장하는 이들은 협상에 완전무결한 절대적 법칙이란 존재하지 않는다고 말한다. 상황이 다르고 각자가 느끼는 감정이 다르므로, 그때그때 다르게 접근해야 한다는 것이다. 따라서 협상의 본질은 기술이 아니라 협상하는 '상황'과 협상 테이블에 앉은 '사람'에게 있다고 주장한다. 그들은 각기 다른 상황과 사람에 대해 감성적으로 접근해야 비로소 자신이 원하는 것을 얻을 수 있다고 여긴다.

다만 감성을 중시하는 협상가라고 해서 이성적인 영역을 완전히 배제하지는 않는다. 이와 마찬가지로 이성을 중시하는 협상가도 감성적인 영역을 등한시하지 않는다. 이는 어디까지나 '방점을 어디에 찍느냐'의 문제다.

협상에 대해 이성적으로 접근한 협상가들 중 가장 두각을 나타냈던 이를 뽑으라면 주저하지 않고 윌리엄 유리William Ury와 허브 코헨Herb Cohen을 뽑을 것이다. 윌리엄 유리는 하버드대학교 협상 프로젝트의 공동 설립자이며, 하버드 로스쿨 글로벌 협상연구소의 최고 연구위원이다. 그가 쓴 『YES를 이끌어내는 협상법』은 전 세계적으로 1300만 부 이상 팔려나갔고, 그 외에도 협상에 관한 책을 일곱 권이나 출판했다. 유리는 기업 분쟁을 넘어 국가 분쟁에서도 수없이 협상해본 경험이 있는 명실상부한 최고의 협상 전문가다.

허브 코헨 또한 레이건 대통령 재임 당시 테러리스트를 상대로 하는 협상에서 자문 역을 맡았던 세계적인 협상가다. 그는 지난 40년간 FBI, CIA와 함께 국제 협상 테이블, 예능, 산업 등 분야를 가리지 않고 거의 모든 영역의 협상에서 성과를 거두었다. 많은 사람이 코헨을 '협상의 왕'이라 부르며, '세상에 존재하는 모든 협상법은 코헨이 내놓은 방법의 아류작에 불과하다'는 찬사를 보내기도 한다. 윌리엄 유리와 허브 코헨 모두 협상에서 이기는 방법을 이성적 차원으로 접근한 협상가들이다.

이 둘 모두 '자신이 무엇을 원하는지 명확하게 규정하는 것'이 협상의 기본이자 가장 중요한 요소라고 강조했다. 협상은 결국 '상대가 원하는 것과 내가 원하는 것을 서로 교환하는 행위'다. 그러려면 일단 내가 원하는 것이 무엇인지 알아야 상대에게 요구할 수 있다. 아주 기본적이고 당연해 보이지만, 생각보다 많은 사람이 자신이 무얼 원하는지 정확히 규정하지 못한 채 협상을 시작한다.

가령 당신이 CMO(최고마케팅책임자)로서 새로운 마케팅 전략을 실행하기 위해 마케팅 대행사와 협의를 한다고 가정해보자. 일단 당신은 마케팅 대행사와 협의하기 전에 그 마케팅을 통해 정확히 무슨 성과를 얻고 싶은지를 규정할 수 있어야 한다. 예를 들어 대행사에게 이렇게 이야기할 수 있을 것이다.

"이번 마케팅을 통해 금년 상반기 우리 앱의 다운로드 유저를

10% 이상 늘리는 것이 목적입니다. 수치로 따지면 5만 5000명 이상이지요. 단, 이 수치는 체리피커cherry picker를 제외한 진성 유저를 의미합니다. 진성 유저만으로 10% 이상을 늘리고 싶습니다. 진성 유저인지 아닌지는 MAUMonthly Active Users 증가치에 따라 판단할 것이며, MAU 수치 20만 증가를 달성하고 3개월 동안 그 수치가 유지되면 마케팅을 성공했다고 판단할 것입니다. 그리고 이 목표치에 대한 마케팅 전략과 전략별 예산은 지금부터 대행사와 서로 조율해야 합니다. 우리 회사의 가용 가능한 예산은 6개월 기준 5억이고, 대행사 전략 제안의 수용 여부에 따라 최대 20%까지의 증액은 가능합니다."

이처럼 CMO로서 자신과 회사가 원하는 것을 명확히 알고 있어야 비로소 대행사와 구체적인 협상을 할 수 있다. 반면 이런 구체적인 목표를 준비하지 않은 채 협상을 하면 어떻게 될까? 자신이 원하는 게 무엇인지 정확히 알지 못하면 대행사가 아무리 여러 안들을 제안해도 그 제안을 제대로 분석할 수 없다. 원하는 것이 명확하지 않으면 대행사의 마케팅 목표가 적합한지, 각각의 전략에 책정한 비용은 합리적인지, 우리가 사용할 예산에 대한 성과 달성률이 얼마인지 따위를 전혀 판단하지 못한다. 상대가 제시하는 협상안에 평가 자체를 할 수 없게 되는 것이다. 결국 상대에게 끌려다니거나 의지하게 된다. 중요한 협상 자리에서 "알아서 잘 해주시리라 믿습니다", "그쪽 분야의 전문가시니 믿고 맡기겠습니다" 같은 어처구니 없는 말만 늘어놓는 것이 바로 이런 경우다. 그래서 협상에 앞서 자신과 회사가 원하는 것을 구체적인 수치로 명확하게 표현할 수 있어야 한다.

윌리엄 유리와 허브 코헨은 우열을 가릴 수 없을 만큼 이성 협상학에서 최고의 대가들이다. 이들이 말한 협상학은 관점은 같아도 각각 다른 점이 있기 때문에 이 둘의 협상법을 모두 다루고 싶지만, 한정된 지면으로 인해 여기서는 윌리엄 유리를 중심으로 이성 협상학을 알아보려 한다. 하지만 기회가 된다면 허브 코헨의 저서도 꼭 읽어보길 권한다.

협상은 결국 대안의 싸움이다

윌리엄 유리는 협상은 단순한 논쟁이 아니라 '일종의 원리를 지닌 과학'이라고 주장했다. 그의 주장에 따르면, 원리를 이해하고 그것을 자신의 상황에 맞게 적용시킬 수 있다면 누구나 뛰어난 협상가가 될 수 있다. 그가 주장한 협상의 주요 원리는 다섯 가지인데, 그중 다음의 세 가지 원리는 C레벨로 오르고자 한다면 꼭 알아두어야 한다.

첫째, 상대의 '요구'과 '욕구'를 분리시켜 분석할 줄 알아야 한다. 협상에 나서는 상대는 어떤 요구를 갖고 나오고, 그 요구에는 상대의 숨겨진 욕구가 존재한다. 상대의 요구에만 초점을 맞추면 협상은 겉핥기식으로 진행될 확률이 높다. 상대가 진짜로 원하는 것은 요구 자체가 아니라 그 이면의 욕구 해소이기 때문이다. 그래서 협상을 성공적으로 이끌기 위해서는 무엇보다도 상대의 숨은 욕구가 무엇인지부터 파악해야 한다.

가령 이런 상황이라고 생각해보자. 손님이 마트에 들러 콜라가 있는지를 물었는데 공교롭게도 콜라가 떨어진 상황이다. 이때 손님의 요구는 '콜라'다. 하지만 여기에 숨은 욕구는 '갈증을 해소해줄 수 있는 시원한 음료'다. 이때 가게 주인이 손님의 요구에만 초점을 맞추면 "아쉽게도 콜라가 다 떨어져서 없습니다"라고 대답할 것이고, 손님은 그 즉시 자리를 떠날 것이다.

이때 주인이 숨은 욕구를 알아챈다면 이렇게 대답할 수 있다. "아쉽게도 콜라는 다 떨어졌는데, 혹시 이 탄산음료는 어떠신가요? 새로 나온 음료인데 평이 아주 좋습니다." 손님의 숨은 욕구를 파악했기에, 가게 주인은 협상 테이블에서 매출을 올릴 수 있는 새로운 안을 제시할 수 있게 되었다.

이 책을 위해 C레벨들과 인터뷰하던 중, 이처럼 요구와 욕구를 정확히 판단해 훌륭하게 처신했던 협상 사례를 들을 수 있었다. 한 대기업의 CHO(최고인사책임자)가 교육 담당자로 있을 때, 사내 교육을 위해 어떤 분야의 유명한 연사를 초청한 적이 있었다고 한다. 그가 연사에게 제안한 보수는 네 시간 교육에 400만 원이었다. 하지만 그 연사는 자신이 받는 시장 가격이 시간당 최소 125만 원이므로 500만 원은 받아야 한다며 제안을 거절했다. 회사에서 배정한 예산은 400만 원이 최대였다. 100만 원이라는 큰 이견이 있었고 회사는 이를 맞춰줄 여유가 없었지만, 그 연사는 해당 분야에서 매우 유명한 사람이었기에 CHO는 어떻게든 그를 초청하고 싶었다.

CHO는 협상을 위한 대화를 이어나갔고, 이를 통해 연사의 욕구를 파악해냈다. 그가 400만 원이라는 제안을 거절한 건, 당장 받을 금액 자체보다도 이를 받아들였을 때의 후폭풍 때문이었다. 즉, 그의 숨은 욕구는 '시간당 125만 원으로 책정한 강사료가 업계에 더 낮게 알려지게 되지 않았으면' 하는 것이었다. 이 욕구를 발견한 CHO는 다시 제안했다.

"연사님의 우려에는 충분히 공감하며, 연사님이 요구하는 강사료 역시 합당하다고 생각합니다. 다만 우리 회사의 최대치가 그 비용에 맞지 않아 아쉬울 따름입니다. 그래서 말씀드리는 것인데, 이렇게 하는 건 어떨까요? 교육 시간을 세 시간으로 줄이는 대신, 이동 경비를 포함한 강연비를 400만 원으로 하는 것입니다. 다만 저희 사원들이 연사님을 꼭 뵙고 싶어 했고 워낙 배움에 대한 열정이 넘치는 인재들이기 때문에, 강연이 끝난 후 평소에 궁금했던 것들을 많이 물어볼 것 같습니다. 그래서 질의응답 시간이 그래서 길어질 수도 있을 것 같습니다. 이 조건은 괜찮으시겠습니까?"

결과는 대성공이었다. 그 연사는 세 시간의 강의를 마친 후에도 사원들과 한 시간이 넘도록 질의응답을 주고받고 나서야 떠났다. 연사는 자신의 시장 가격이 훼손되지 않아 만족했고, 교육을 들은 사원 또한 연사와 쌍방향으로 소통할 수 있어 만족했다.

하지만 만약 처음부터 연사의 '요구'에만 집중해 시간당 100만 원을 지급할지, 아니면 125만 원을 지급할지만을 놓고 싸웠다면 어떻게 되었을까? 아마 협상은 결렬되었을 것이다. 설사 협상이 성공했다 하더라도 어느 한쪽은 불만을 가질 수밖에 없었을 것이다.

다양한 관점으로 질문을 던져보고 대화해봐야 요구 뒤에 숨은 욕구를 파악할 수 있다. 어설픈 협상가들은 상대의 요구를 듣고는 그 요구와 자신의 요구에 얼마나의 간극이 있는지에만 집착한다. 하지만 뛰어난 협상가는 상대가 왜 그런 요구를 하는지 다양하게 질문하며 그 뒤에 숨은 욕구를 찾아내려 노력한다. 협상의 키는 그 욕구의 해소에 있다는 것을 잘 알기 때문이다. C레벨로서 수많은 협상 테이블을 훌륭하게 다루기 위해서는 상대의 욕구를 파악하기 위한 당신만의 노하우를 개발해나가야 한다.

윌리엄 유리가 주장하는 협상 원리 두 번째는, 진짜 협상은 결국 'BATNA'의 싸움이라는 것이다. BATNA란 'Best Alternative To a Negotiated Agreement'의 약자로, 직역하자면 '협상 결렬 시 취할 수 있는 최선의 대안'이라는 뜻이다. 협상이 원하는 대로 이루어지지 않았을 경우에 선택할 수 있는 차선책을 의미한다. 협상 테이블에서 BATNA를 가지고 있느냐, 없느냐는 협상 성사 여부에 큰 영향을 끼친다.

우선 BATNA를 가지고 있는 것만으로도 협상에 자신감이 생긴다. '믿는 구석'이 있기 때문이다. 협상이 결렬되어도 선택할 수 있는 차선책이 있는 상황이라면 아무래도 협상에 좀 더 여유로운 마음으로 임할 수 있다. 또한 BATNA는 그 자체로 협상의 객관적 기준이 된다. 협상을 오랫동안 하다 보면 기준점이 흐려지고 이는 판단력에 영향을 미친다. 하지만 명확한 BATNA가 있다면 이를 기준으로 상대의 요구를 BATNA와 비교해볼 수 있기 때문에 보다 객관적인 시선으로 협상에 임할 수 있다.

예를 들어 다른 회사와 손을 잡고 공동 사업을 해야 하는 상황이라고 생각해보자. 당신은 CBO(최고사업책임자)로서 공동 사업 후보인 A사와의 협상에 나선다. A사와의 협상이 결렬된다고 해도 당신에게는 다른 후보 회사가 있다. 그 후보 회사는 사업 투자금은 5 대 5로 나누고, 수익은 7 대 3으로 나누자는 안을 제시한 상태다.

이 경우 현재 협상 중인 A사가 이보다 못한 조건만을 제시한다면 당신은 이 협상 자체를 결렬시킬 수도 있다. A사보다 좋은 조건을 이미 확보한 상태이기 때문에, 굳이 낮은 조건의 협상을 계속해서 이어나갈 이유가 없기 때문이다. 또한 BATNA는 협상 상대를 압박하는 수단으로도 사용된다. A사가 자신의 조건만 고집한다면 이렇게 대응할 수 있다.

"사실 귀하의 회사 외에도 다른 회사가 우리에게 공동 사업을 제안해왔습니다. 그쪽은 사업 투자금은 5 대 5로 나누되 수익은 유통 라인을 가지고 있는 우리 회사가 7, 그쪽 회사가 3의 비율로 나누자는 조건을 제시했지요. 하지만 우리는 이왕이면 귀사와 함께하는 편이 더 큰 시너지를 낳을 것이라고 판단하고 있습니다. 위의 조건에 맞출 의향이 있으십니까?"

BATNA를 제시하며 상대를 압박하면 상대는 이 BATNA에 맞춰 새로운 제안을 할 가능성이 높아진다.

협상에 임할 때 BATNA를 갖고 들어가는 것은 전략적으로 굉장히 중요하다. 협상학적으로 볼 때, 결국 '이 협상이 잘 이뤄지지 않아도 개의치 않을 수준의, 대체 가능한 BATNA'를 갖고 있는 쪽이 협상에서는 갑의 자리에 앉게 되어 있다.

훌륭한 BATNA를 갖고 협상에 임해 크게 성공한 기업 중 하나가 '센트랄그룹'이라는 기업이다. 센트랄그룹은 경남에서 3대째 자동차 부품을 생산해온 기업이다. 이 회사는 오랫동안 사업을 해왔지만 국내 완성차 업체들 상대로만 제품을 공급하다 보니 결국 을의 입장을 벗어날 수 없고 경쟁력도 점차 약화되어간다는 한계를 느꼈다.

그래서 센트랄그룹의 CEO와 CTO(최고기술책임자)는 자신들만의 BATNA를 개발하기 위해 1996년부터 다른 전략을 실시했다. R&D에 막대한 투자를 하고, 국내 시장이 아닌 북미 시장을 공략하기로 결정한 것이다. 이들은 오랜 노력의 결과 북미 시장 진출에 성공했고, 나아가 독일, 러시아를 교두보 삼아 유럽까지 시장을 확대할 수 있었다. 현재 센트랄그룹은 전 세계 113개 업체에 3000종의 물건을 수출하고, 전체 매출액의 70%를 해외 수출에서 내는 막강한 기업으로 거듭났다.

수출이 그 자체로 BATNA가 되어 국내 완성차 기업에 일방적으로 끌려다니지 않게 된 것이다. 2007년 이들의 매출 규모는 3088억 원이었지만, 2021년에는 1조 원을 뛰어넘을 것으로 예측된다. 우수한 BATNA를 발굴하고 개발하는 것이 협상에 얼마나 지대한 영향을 끼치는지를 알려주는 좋은 예다. 가지고 있는 패가 다양할수록 이길 확률은 높아진다는 걸 기억해야 한다.

셋째, '시간의 힘'을 제대로 이해해야 협상을 성공적으로 이끌 수 있다. 윌리엄 유리는 상대의 이성이 가장 제 기능을 못 하는 순간이 바로 협상의 공략 지점이라고 말했다. 협상은 결국 시간과의 싸움이다. 경영학에 롱테일의 20 대 80의 법칙이 있다면, 협상학에는 10 대 90의 법칙이 있다. 마지막 10%의 시간대에 90%의 협상이 이루어진다는 법칙이다.

한미 FTA가 체결될 때 모든 사람이 이 협약은 부결될 것이라고 예상했다. 7차 협상이 시작될 때까지 쌀, 자동차, 쇠고기, 섬유 등 중요한 안건이 언급조차 되지 않았기 때문이다. 하지만 8차 협상에서 몇 번의 연장을 거쳐 FTA는 극적으로 타결됐다. 이는 10 대 90의 법칙의 단적인 예다.

마감 시간이 다가오면 협상하는 사람은 대부분 '성과를 내야 한다'는 압박에 시달리게 된다. 어떻게든 협상을 끝내야 한다는 압박이다. 이런 부담은 때론 중요한 의사결정에서 오류를 낳게 만들고, 그 결과 너무 큰 것을 아무 대가 없이 양보해버리기도 한다.

협상의 마감에 대해서 굉장히 재미있는 예가 하나 있다. 위기 협상 전문가 크리스 보스Chris Voss와 탈 라즈Tahl Raz가 FBI에 소속돼 아이티의 인질범들과 교섭할 때 있었던 일이다. 그들은 인질

범들이 '마감'에 의해 움직인다는 패턴을 발견했다. 즉 가급적 월요일에 납치해 금요일 전에 몸값을 받아내려는 성향이 있다는 것을 알아낸 것이다. 금요일 전에 몸값을 받아 주말에 파티를 하기 위해서였다. 어이없을 만큼 사소한 이유였다. 그들은 이 사실을 알고 일부러 금요일까지 협상을 끌어 납치범들을 초조하게 만들었다. 그 결과 인질의 몸값을 크게 낮출 수 있었고, 효과적으로 인질들을 구출해냈다.

기업의 자산 양수·양도 협상도 마찬가지다. 인수하고 싶은 회사가 있다고 치자. 그런데 그 회사가 재무적 어려움으로 인해 차입금 상환 자금을 마련해야 하고, 그 상환 일정을 당신이 알고 있다면 당신의 협상력은 매우 막강해진다. 일종의 '마감'을 이용함으로써 한 기업의 인수 금액이라는 엄청난 가치에 주도성을 갖게 된 것이다.

이처럼 협상에서 마감은 중요한 트리거가 된다. 때문에 자신의 마감 시간을 다른 이에게 들키지 않는 것은 매우 중요하다. 반대로 상대의 마감 시간을 알 수 있다면 이는 큰 무기가 된다. 결국 마감을 빨리 해야 하는 자는 약자가 될 수밖에 없다.

상대의 마감 시간을 알 수 없는 경우라면 평정심과 인내심을 가져야 한다는 걸 명심하라. 자신의 마감이 다가와도 동요하지 않는 모습이 필요하다. 이를 위해서는 '마감의 절대화'를 스스로

깨야 한다. 절대적인 마감이란 없음을 알고, 지금 협상이 연장될 수밖에 없는 상황이라면 연장으로 인해 어떤 이익을 얻고 또 실은 얼마나 될지를 정확히 따져보는 분석력을 가져야 한다. 시간 초과로 인한 벌금, 그 벌금을 내더라도 협상을 연장함으로써 얻을 수 있는 가치를 저울질해야 한다. 마감이 코앞에 닥친 상황에서도 이런 평정심을 유지할 수 있다면 결국 자신에게 유리한 턴은 반드시 돌아온다. 마감이 존재하지 않는 협상가란 세상에 없기 때문이다.

마감 자체를 무기로 활용하는 방법도 있다. 협상 용어로 이를 '익스플로딩 오퍼Exploding offer'라고 한다. 이를테면 이런 식이다.

"우리는 귀사와 반드시 계약을 체결하고 싶습니다. 지금 우리와 체결하면 제품의 무상 A/S 기간을 1년 연장해드리겠습니다. 단, 이 제안은 다음 주까지만 유효합니다. 다른 업체와의 계약이 막바지에 이르러 다음 주면 체결될 예정인데, 이 계약이 체결되면 형평성 문제 때문에 그 후에 일어나는 계약에는 이런 혜택을 드리지 못합니다."

즉 미리 협상의 마감을 산정하고 그 안에 협상이 이루어져야 하는 이유, 협상이 이루어졌을 때 발생하는 혜택을 하나의 협상안으로 제시하는 방법이다. 적절한 명분을 내세우고 적정선의 혜택만 제안한다면 이는 훌륭한 무기가 될 수 있다.

결국 어떤 방법을 쓰든 협상이 곧 시간과의 싸움임을 자각하는 것이 중요하다. 그런 다음, 인내심을 갖고 시간을 자신의 편으로 만들든지, 상대의 마감을 당신의 인질 삼아 협상을 주도하는 전략을 구사해야 한다.

윌리엄 유리는 이 외에도 양쪽 모두가 만족할 만한 창조적 대안을 마련하거나, 관례나 선례를 통해 협상의 객관적 기준을 제시하는 방법 등을 협상의 성공 원리라고 주장했다. 그는 협상을 철저히 이성적 측면에서 바라보았다. 자신만의 법칙이나 원리를 통해 협상을 바라보고 그것들을 어떻게 활용하는지가 협상에서 가장 중요하다고 생각한 것이다.

역할을 전환하라, 더 많이 얻게 될 것이다

협상을 감성의 영역으로 바라본 사람도 있다. 그 대표적인 사람이 바로 스튜어트 다이아몬드다. 다이아몬드는 베스트셀러 『어떻게 원하는 것을 얻는가』를 통해 우리나라에도 이미 잘 알려져 있다. 와튼스쿨 교수인 그의 강의는 최고 인기 과목 중 하나이며, 그가 속해 있는 MBA 과정은 영국 《파이낸셜타임스》가 선정한 MBA 순위 평가에서 최근 11년간 무려 10번이나 1등을 차지

한 최고 수준의 교육 과정이다.

다이아몬드는 자신의 협상을 '감성 협상학'이라 표현한다. 그는 협상은 결국 사람이 하는 것이기에 사람에 대한 존중과 이해가 협상의 본질이라고 주장하며, 다음과 같은 예를 통해 감성 협상학을 설명한다.

비행기가 악천후로 인해 예정보다 4시간이나 늦게 공항에 도착했다. 200명의 승객들은 비행기에서 내리며 대부분이 승무원과 기장을 향해 짜증을 냈다. 당신들 때문에 내 스케줄이 엉망이 되었다고 말이다. 며칠 뒤 단 한 명만이 항공사로부터 무료 항공권을 받았다.

그 한 명은 어떻게 보상을 받았을까? 비결은 짧은 말 한마디에 있었다. 모두가 욕을 할 때 그 승객만은 오히려 승무원에게 위로를 건넸다.

"날씨도 안 좋은데 연장 근무라니, 서로 참 고생이 많습니다."

이 한마디가 승무원의 마음을 움직인 것이다. 결과는 '무료 항공권'이라는 달콤한 보상이었다.

스튜어트 다이아몬드는 협상에서 전문 지식이나 내용이 관여하는 비율은 8%밖에 되지 않는다고 주장한다. 그의 말에 따르면 나머지는 37%가 절차이며, 55%는 사람이다. 결국 협상은 사람이 하는 것이기에 사람이라는 협상 대상 자체가 협상에서 가

스튜어트 다이아몬드가 분석한 협상의 변수

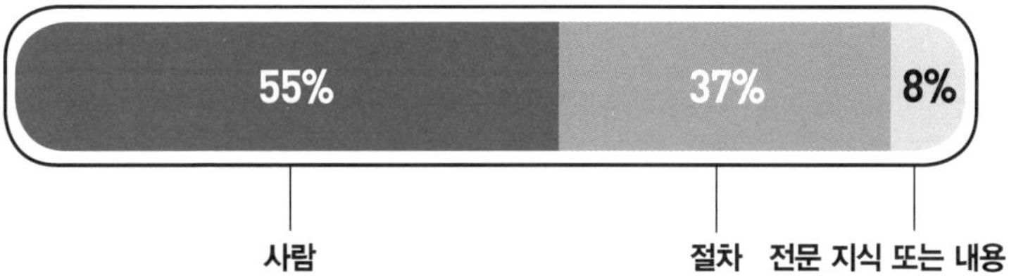

장 중요한 것이다. 힘과 논리로만 협상을 진행하면 결국 상대를 분노하게 만들며, 이는 보복으로 이어져 테러리스트들만 득세할 뿐이라고 그는 주장한다.

스튜어트 다이아몬드가 말하는 것이든, 윌리엄 유리가 말하는 것이든 모든 협상의 목적은 분명하다. '더 많은 것을 얻어내는 것'. 다만 그것을 위해 사용하는 방법이 다를 뿐이다.

다이아몬드는 상대로부터 더 많은 것을 얻어내려면 상대를 더욱 연구하고 관찰해 그가 어떤 사람인지를 파악해야 한다고 말한다. 거기서 얻은 데이터를 통해 상대와의 신뢰 관계를 형성할 때 더 많은 것을 얻을 수 있다는 것이다. 실제로 연구 결과를 보면 '자신을 인간적으로 대우해주는 사람과 거래하겠다'고 답한 비율이 무려 90%였다.

그래서 감성 협상학에서는 힘의 논리로 이루어지는 양자택일의 협상을 혐오한다. 힘이나 논리를 밀어붙여 강압적으로 결정을 종용하거나, 먼저 극단적 요구로 상대의 거절을 끌어내고 이후 한발 물러서는 척하면서 진짜 요구를 하는 행위는 감성 협상학의 관점에서 가장 하급의 결과만을 만드는 어리석은 방법이다. 이처럼 감성 협상학은 이성 협상학에서 강조하는 '소비에트식 협상'을 전면으로 부정한다.

감성 협상학은 협상에서 더 많은 것을 얻어내기 위해서 '역할 전환'이 필요하다고 말한다. 상대와 역할을 바꿔 상대의 입장에서 생각해보는 것이다. 그러기 위해 가장 필요한 것은 경청이다. 협상은 자신의 말솜씨로 만들어지는 것이 결코 아니다. 협상에 필요한 진짜 이야기는 오히려 상대의 말 속에 숨어 있다. 평범한 협상가는 협상 내내 자신의 입장을 설득하기 위한 말을 하지만, 위대한 협상가는 상대의 입에서 자신이 원하는 말이 나오도록 상황을 조성한다. 그 상황을 만들기 위해 필요한 것이 바로 경청이다.

우선 상대의 이야기를 모두 듣고, 더 많은 이야기를 끌어내기 위해 들은 내용에 적극적으로 호응하고 새로운 질문을 계속하는 것, 이것이 경청의 본질이다. 수사학에도 '163의 법칙'이란 것이 있다. 상대와 만나 10분을 이야기한다면 인사에 1분, 상대의 말을 듣는 데 6분, 마지막으로 자신의 이야기를 하는 데 3분을 쓰라는 내용이다.

사람의 얼굴에 귀는 두 개인데 입은 한 개인 것 역시 '적게 말하고 많이 들으라'는 신의 가르침 때문이라는 이야기도 있다.

또한 조지프 마타라조Joseph Matarazzo라는 학자의 실험 내용에 따르면, 대화를 할 때 경청을 한 사람은 그러지 않은 사람에 비해 대화 상대에게서 48~67% 정도 더 많은 내용을 이끌어낸다고 한다.

그렇다면 상대의 말을 경청한 후, 역할 전환을 해서 파악해야 하는 협상 대상의 핵심은 무엇일까? 바로 그 협상 대상의 '표준standard'이다. 여기서 말하는 대상의 표준이란 도덕이나 윤리 혹은 협상 조건에 대한 절대적인 기준이 아니라 상대가 스스로 정한 '주관적인 기준'을 의미한다. 일단 이 표준을 파악하고 나면 협상이 굉장히 유리해질 수 있다. 대부분의 사람들이 스스로 정한 표준을 어기는 걸 싫어하기 때문에, 그 점을 공략할 때 쉽게 설득할 수 있다.

다이아몬드는 이런 표준을 가장 잘 활용한 사람으로 간디를 꼽는다. 간디는 비폭력 무저항 운동을 할 때 단 한 번도 언성을 높이거나 화를 낸 적이 없었다. 그 대신 끊임없이 영국군에게 되물었다. "당신들은 문명화된 영국인이 틀림없는 것 같다. 그런데도 무고한 사람들을 죽이고 차별하고 있다. 어찌하여 그런가?" 문명에 대한 자부심을 갖고 있는 영국군의 '표준'을 역으로 이용한 것이다.

마틴 루터 킹도 마찬가지다. 그는 연설에서 "미국은 헌법을 통해 만인이 평등하다고 말한다. 하지만 실상 벌어지는 인종 차별은 나를 혼란스럽게 한다"라는 말을 자주 했다. 헌법 수호를 가장 중요한 가치로 여기는 법치국가에 살고 있다는 자부심으로 가득한 백인들의 표준을 건드리는 전략이었다.

협상이 결렬되는 큰 이유는 결국 각자의 입장 차이 때문이다. 역할 전환을 통해 상대의 표준을 알면, 상대가 협상 주제에 대해 어떻게 인식하고 있는지를 알 수 있다. 이를 알면 자연히 상대방의 인식에 맞춰서 자신의 협상 전략을 설계할 수도 있을 것이다.

또한 감성 협상학에서는 협상 테이블 위에서 절대로 거짓말을 해서는 안 된다고 말한다. 거짓이 들통났을 경우 그간 노력해서 쌓은 모든 신뢰 관계가 무너질 수 있으며, 설령 거짓말을 통해 협상을 자신에게 유리하게 이끌어냈다 하더라도 상대가 언젠가는 그 거짓말을 눈치챌 확률이 높기 때문이다. 속았다는 걸 알면 상대는 다음 협상에서 당연히 비협조적으로 나올 것이다. 결국 거짓말을 하는 건 순간의 이익을 위해 장기적인 가치를 손실시키는 행위다.

감성 협상학은 최고의 협상에 대해 다음과 같이 정의한다.

'최고의 협상이란 자신이 원하는 모든 것을 얻는 것이 아니라, 협상을 한 상대도 손해 보지 않았다고 생각하게 만드는 것이다.'

협상이 끝나고 돌아서는 순간 양쪽 모두가 만족해야 진정한 의미의 성공적인 협상이란 뜻이다. 협상은 일시적인 거래가 아니다. 협상 상대와는 언젠가 또 협상할 일이 생기기 마련이다. 이 점을 자각해 장기적인 이익을 생각할 때 비로소 협상력은 높아진다.

협상은 지식으로 시작해 경험으로 완성된다

지금까지 이성적 관점의 협상과 감성적 관점의 협상에 대해 살펴보았다. 이들로부터 배울 수 있는 협상의 기술은 다음과 같다.

첫째, 협상에 임할 때는 가장 먼저 자신이 원하는 것이 무엇인지를 정확히 규정해야 한다.

둘째, 협상은 상대의 요구가 아닌 '욕구'를 해소할 때 성공할 수 있다.

셋째, 협상에 들어가기 전 자신만의 BATNA를 만들어야 한다.

넷째, 협상에서 '시간'은 중요한 전략의 포인트다.

다섯째, 협상의 성패를 결정하는 것은 협상 대상자와의 '신뢰 형성'이다.

여섯째, 역할 전환을 통해 상대의 '표준'을 알아내야 한다.

일곱째, 협상할 때는 절대로 거짓말을 하지 말고, 협상은 단편적인 거래가 아니라 장기적인 '관계'의 연속임을 이해해야 한다.

이성적인 협상법과 감성적인 협상법, 둘 중 무엇이 정답이냐고 묻는다면 프랑스의 물리학자 아르망 트루소Armand Trousseau의 말로 대답을 대신하고 싶다.

"최악의 예술가는 과학을 모르는 예술가이며, 최악의 과학자는 예술을 모르는 과학자다."

C레벨이 가져야 할 최고의 협상력은 이성 기반의 협상 기술과 사람에 대한 감성적 태도가 합쳐질 때 생긴다. 어느 것 하나가

이성적 협상과 감성적 협상

이성적 협상	감성적 협상
자신이 원하는 것이 무엇인지부터 정확히 규정하기	
상대의 요구가 아닌 '욕구'를 해결해주기	협상 대상자와 신뢰 형성하기
자신만의 BATNA 만들기	역할 전환을 통해 상대의 '표준' 알아내기
시간을 전략으로 활용하기	거짓말을 삼가고 협상은 단편적인 거래 가 아니라 관계의 연속임을 이해하기

정답인 것이 아니라, 이성과 감성 두 가지 방법이 합쳐질 때 비로소 자신만의 완전무결한 협상 비법이 탄생한다. 이 2가지 협상법에 대해 모두 파악하고, 상대와 상황에 따라 양쪽의 방법을 조화롭게 활용할 수 있다면 그야말로 최고의 협상가라고 할 수 있다.

협상의 대가들이 공통적으로 강조하는 것을 마지막으로 이 장을 마치고자 한다.

"협상력은 지식으로 시작해 경험으로 완성된다."

그저 많은 지식을 습득해 협상을 '학습'하는 것으로는 충분하지 않다. 다양한 상황을 경험하며 학습된 협상 지식을 직접 사용하며 자신의 것으로 만들어야만 협상력을 높일 수 있다. 앞서 소개한 세 협상가의 대표 저서는 꼭 한번 읽어보며 지식을 쌓길 권한다.

그리고 지금부터 당신이 마주하게 될 다양한 상황을 협상의 무대로 생각하며 임해보길 바란다. 작게는 식당에서 주문을 할 때부터 물건을 살 때, 크게는 프로모션 비용 협상이나 연봉 협상에 이르기까지, 그 모든 상황이 협상의 연습 무대가 될 수 있다. 그런 경험이 언젠가는 회사와 당신의 성장 여부를 판가름할 결정적 순간에 당신의 가치를 한껏 끌어올려주는 무기가 되어줄 것이다.

이제 당신이 답할 차례다

•

우리의 업은 필연적으로 많은 이를 만나야 하는 일이다.
한창 꿈을 키우는 청춘들부터
인생의 제 2막을 위해 다음을 준비하는 황혼들까지,
각기 다른 시작점에 서 있는 사람들을
우리는 무수하게 만나왔다.
그 과정에서 우리가 알게 된 건
사람은 쉽게 변하지 않는다는 사실이다.
살아오며 생긴 관성이란 생각보다 강해서
그 방향을 바꾸는 일은, 그 속도를 올리는 일은
생각보다 자주 일어나지 않았다.
아무리 좋은 제안을 들어도 귀찮음을 이기지 못했고,
아무리 좋은 방법을 알아도 익숙함을 버리지 못했다.
사람은 그리 쉽게 변하지 않았다.

그러나 아직도 우리는

그럼에도 사람은 바뀔 수 있다고 믿는다.

어떤 순간이 계기가 되어, 어떤 지점이 목표가 되어

어제와 다른 자신을 만들어가는 것을

결코 많다고는 할 수 없지만 우리는 목격했다.

이 책을 읽은 당신이

우리가 지금껏 봐온 다수가 아니라

우리가 희망을 걸고 있는 소수의 모습을 하고 있었으면 한다.

지금까지의 이야기가 당신에게 계기가 되었으면 좋겠다.

이걸 읽은 시간이

당신의 삶을 바꿔놓은 순간이었으면 좋겠다.

매 순간이 어렵다지만 돌아보면 매 순간이 기회였음을,

어차피 정해진 삶이라지만 사실 아무것도 정해지지 않았음을,

이젠 늦었다지만 실은 아직도 이르다는 것을,

당신에게 C의 유전자란 충분히 가질 수 있는 것임을,

C야말로 당신이 그토록 원했던 기회 그 자체임을

당신이 부디 깨닫길 바란다.

미래의 당신을 위해

소중한 오늘을 새롭게 설계할 그 계기가

이 책이었으면 한다.

당신에게 지금 시대는 어떻게 다가오는가?

당신에게 지금 직장은 무엇을 의미하는가?

당신에게 C란 무엇이고,

당신만의 C의 유전자란 무엇인가?

우리는 책을 통해 우리의 답을 던졌다.

이제 당신이 답할 차례다.

우리는 C의 길목 어딘가에 먼저 가서 서 있겠다.

당신의 답을 가지고 우릴 찾아오길 기대하며.

모든 것은 변화할 수 있다.

지금까지는 잊어라.

변화는 지금부터다.

C의 유전자는 우리 삶의 최고의 무기다

"직장을 다니는 것은 결국 오답인가요? 직장만 다녀서는 희망이 없나요?"

내가 CEO로서 경영하는 회사의 직원은 물론, 강의나 컨설팅으로 만난 학생과 수많은 직장인들까지 늘 내게 이런 질문을 던졌다. 심지어 대기업, 중소기업, 스타트업을 막론하고 거의 대부분의 직장인이 자신의 현재 직장 생활에 확신을 갖지 못했다.

내게는 이 질문에 대답해야만 한다는 일종의 사명감이 있었다. 그렇다고 해서 신입사원을 비롯한 직장인들에게 "직장인의 꽃은 임원입니다. 임원이 되기 위해 노력하셔야지요"라는 말은 차마 할 수 없었다. 여러 대기업 임원들의 퇴사 과정과 그 이후의 삶이 무척이나 다양하게 전개된다는 걸 누구보다 잘 알았기 때문이다. 창업만을 독려하는 것도 너무 무책임한 답변이었다. 창업자가 짊어져야 할 삶의 변동성과 그로 인한 번뇌 또한 모르지 않았기 때문이다.

그렇다면 이들에게 자본소득을 얻을 만한 유망한 투자 정보를 알려주는 건 큰 의미가 있을까? 대중에게 전달되는 투자 정보는 이미 시장에 반영된 상태이고, 투자 또한 누가 하느냐에 따라 완전히 다른 결과를 불러올 수 있기에 그것 또한 옳은 대답은 아니었다.

하지만 이제는 '직장'이라는 불안을 안고 살아가는 그들에게 이렇게 말할 수 있다.

"C의 유전자를 가져야 합니다. 이를 통해 내 삶의 위험 요인 하나하나를 초월해야 합니다!"

26살에 공인회계사 시험에 합격하고, 합격 당일 삼일회계법인에 지원한 후 그날 오후에 바로 면접을 봤다. 그리고 집으로 돌아오는 길에 합격 통보를 받았다. 3년이라는 시간 동안 꿈에 그리던 일이 딱 하루 만에 펼쳐진 감사한 순간이었다.

그 후 회계감사와 경영 컨설팅이라는 일을 하면서, 나이에 상관없이 나를 전문가로 존중해주는 많은 클라이언트를 만나고 그들의 고민을 해결하는 나의 일에 큰 매력과 보람을 느꼈다. 뒤돌아보면 회계법인은 C의 유전자를 키우기에 너무나 좋은 환경이었다. 그러다 보니 자연스럽게 성과가 차곡차곡 쌓였고, 클라이언트들과 관계도 단단하게 구축돼 3년 차가 되었을 땐 단독으로 업무를 수임하는 결과를 만들어내기도 했다. 그 덕분에 동기들보다 승진도 6개월이 빨랐다.

성과를 내면 회사로부터 칭찬을 받았다. 더 큰 성과를 내도 같은 칭찬을 받았다. 처음에는 무척 기뻤지만 그 칭찬에 점점 무뎌져가던 시점에 비로소 알게 되었다. 직속 임원들도 내게 '칭찬' 밖에 해줄 수 없는 입장이라는 사실을 말이다. 그들은 단지 '임원'이었을 뿐, 회사에 큰 변화를 일으키거나 새로운 방향을 설정할 수 있는 C레벨이 아니었기 때문이다.

당시 내가 다니던 곳은 공인회계사만 3000명이 넘는 대기업 수준의 회계법인이었다. 그러다 보니 중간관리자와 임원이 있고 그 위에 또 임원이 있는 전형적인 일원수직구조를 취하고 있었다. 이런 구조에서 새로운 혁신이 만들어지기가 힘들다는 건 모르지 않았지만, 마음 한구석에는 항상 답답함이 있었다. 그렇게 10년 가까이 일했다. 인생을 복리로 살고 싶었지만 회사에서는 그럴 기회가 주어지지 않았다. 나는 회사에 대한 프라이드가 매우 강한 사람이었다. 회사가 더 많은 기회를 잡을 수 있는 구조를 갖고 있었다면 나는 주저하지 않고 그 기회를 잡았겠지만, 아쉽게도 당시의 회사는 그렇지 못했다.

자연스럽게 몇 년에 걸쳐 업무와 내 미래를 놓고 차분히 준비해 '인사이트파트너스'를 창업했다. 빠르게 의사결정자가 될 수 있는 여러 방법 중 '창업'이란 길을 선택한 것이다. 그 후 경영 자문을 맡은 회사에서 CFO 자리에 앉기도 했고, 또 어느 회사에서는 창업자에 이어서 CEO가 되기도 했다. 그리고 지금은, 계속 회계법인에 있었더라면 미팅을 제안해야만 어렵게 만날 수 있었을 많은 C레벨들과 비슷한 수준의 고민을 하며 그들과 활발히 교류하고 있다.

그렇게 나는 스스로 C레벨이 되어 인생을 복리로 살 수 있게 되었다.

뭇 사람들의 생각과는 달리 C레벨이 되었다고 해서 모든 사생활은 포기하고 밤을 새워가며 일에 매몰되어 살아가는 건 아니다. 아니, 오히려 그 반대였다. C레벨로서 성과를 보여주는 데 집중하게 되었고, 시간이 아니라 성과로 증명하면 되었기에 이전보다 더 많은 개인 시간을 확보할 수 있었다. 그렇게 얻은 여분의 시간으로 앞에서 말한 C의 유전자를 더 개발하며 '나'라는 무형자산의 가치를 높였다. 그리고 이제는, 국가를 초월한 C레벨이 되고 싶다는 생각에 여러 도전을 이어가고 있다.

나는 내게 C의 유전자가 있다고 자부한다. 그리고 지금 이 순간에도 이를 계속 키워나가기 위해 노력하고 있다. C의 유전자야말로 삶을 복리로 만들 수 있는 가장 큰 무기이기에, 그리고 그 사실을 이미 내 인생을 통해 확인했기에 말이다.

어쩌면 우리는 '일을 하기 위해' 존재하는 것이 아닐까 생각한다. 일이라는 것을 고통스럽다고 생각할 수 있지만, 사실 일이 없는 게 고통스럽다. 일을 진지하게 받아들이면 그것은 우리 인생의 소명이 된다.

삼성전자에서 강의를 할 때 '스튜어드십Stewardship'이라는 주제로 강의를 해보는 건 어떻겠느냐고 제안받은 적이 있다. 강의를 준비하면서 이 단어의 의미를 깊이 알아보다가, 그 함의에 무척이나 공감이 가서 즐겨 쓰는 단어가 되었다. 이후에도 나는 주변에 늘 이 단어를 소개해주고 있다. 스튜어드십은 단순히 '관리능력'이라고 번역하면 안 되고, 이 단어의 어원인 청지기 정신에 기반해 '주인의식을 갖고 임하는 모든 행위'라고 해석해야 함이 맞다.

나는 이 단어가 무엇을 하든, 어떤 위치에 있든 필요한 덕목이라고 생각한다. 비단 일을 할 때뿐만이 아니라 인생 전체를 놓고 볼 때도 필요하다는 의미다. 살아가다 보면 때로는 잠시 길을 잃을 때도 있고 나조차 내 삶의 주인이 아니게 될 때가 있다. 그러다 보면 무엇을 하든 주변에 휩쓸리고 일에서도 주도성을 잃게 된다. 따라서 진정한 C레벨이 되기 위해서는 평소의 삶에서도 '나'에 대한 진심과 자신감을 가져야 한다.

결국 C의 유전자를 갖기 위해 가장 중요한 것은 '진심'과 '믿음'이다. 어떤 일을 하든 진심으로 임하지 않고, 자신을 비롯해 함께하는 누군가를 믿지 못한다면 형식상으로는 C레벨이 된다고 해도 '진정한 C레벨', 즉 부족을 이끄는 부족장은 결코 될 수 없다.

이 책은 2020년 봄의 어느 날, 아프리카 여행을 다녀왔다며 남아프리카공화국에서 사온 루이보스 차를 선물로 들고 온 존경하는 기획자이자 사랑하는 동생인 제갈현열 작가의 한 질문에서 시작되었다.

"형, 왜 회사가 대규모 투자를 받고 성장할 때 기존의 많은 창업 멤버들이 회사를 떠나게 될까요? 그것도 C레벨에 있는 사람들이요."

"그건 그들이 '진정한 C레벨'이 아니었기 때문이 아닐까?"

질문과 답변이 서로 꼬리에 꼬리를 물었다. 그렇게 우리는 C레벨의 세계에 대해, 그 C레벨을 만드는 'C의 유전자'에 대해 치열하게 고민하고 탐구했다. 우리가 아는 존경할 만한 C레벨들을 찾아가 직접 묻기도 했고, 각종 논문과 책을 찾아보며 우리 나름의 통찰을 정리하기도 했다. 이 책은 그렇게 1년 동안 우리가 매주 만나 묻고 답한 내용의 결정체다.

"계속 직장에 다니는 것은 오답인가요? 직장만 다녀서는 희망이 없나요?"

오늘도 이 질문을 가슴속에 품고 출근길에 오르는 당신에게, 우리가 찾아낸 대답이 부디 도움이 되길 바라며 에필로그를 마친다.

이 책을 통해 당신 안에 잠재된 'C의 유전자'를 깨우길.

당신이 이미 가진 C의 유전자를 더욱 발전시켜나가길.

그리하여 'C레벨'의 모습으로 우리 앞에 나타나주길 진심으로 바란다.

2021년 1월

강대준

부록

당신의 현재를 알려주는 지표 C의 지수

새로운 변화를 시작하기에 앞서 가장 중요한 것 중 하나는 '현재 자신이 어디에 있는지'를 아는 것이다. 현재 자신의 위치를 알게 되면 원하는 목적지까지의 거리도 알 수 있다. 자신이 내딛을 발걸음의 속도를 알고, 목적지까지의 거리를 알면 목적지에 언제쯤 도착할 것인지 가늠할 수 있다. 따라서 모든 변화를 시작할 때는 '현재에 대한 명확한 인식'이 있어야 한다.

지금까지 들려준 이야기가 충분한 변화의 계기가 되었다면, 당신도 이제부터는 C의 유전자를 갖고자 노력하기 시작할 것이다. 이는 인생의 큰 변화다. 변화하려는 당신에게 보내는 응원은 지금까지의 내용을 통해 충분히 전달했다고 생각한다. 그래서 여기에서는 실질적인 도움을 주고자 한다. 현재 당신이 가진 C의 유전자가 어느 정도의 수준인지 객관적으로 진단해볼 수 있는 지표다. 이 척도가 목적지에 도착할 시간을 가늠해줄 수 있을 것이다.

당신이 현재 위치를 스스로 분석하도록 돕기 위해 우리는 'C의 지수'를 개발했다. C의 지수는 책을 통해 말한 다섯 가지 C의 유전자를 수치화할 수 있게 만든 도구다. 이를 도출하는 과정과 구조는 퍽 복잡하기에 책에 모든 알고리즘을 담을 수는 없었다. 그래서 특별한 장치 없이 리커드 척도를 이용해 스스로 점수를 매기다 보면 자신의 대략적인 능력치를 알 수 있도록 C의 지수를 재구성해봤다. 다음의 질문에 대해 솔직하게 답을 하면, 당신이 가진 현재 C의 유전자 수치를 알 수 있을 것이다. 다음의 질문을 보고 스스로를 돌아보며 자신의 점수를 매겨보자.

의사결정력

문항	매우 그렇다	그렇다	보통이다	아니다	전혀 아니다
나는 업무 연결성을 파악하기 위해 노력한다					
프로젝트를 제안받았을 때 그것을 실행할 지식이 충분히 준비돼 있다					
내가 하는 일의 의사결정 구조를 먼저 파악한 후에 일한다					
결단력 있는 의사결정을 통해 빠르게 업무를 추진한 경험이 있다					
스스로 기획해 조직에 먼저 프로젝트를 제안한 경험이 있다					
결단력이 있다는 이야기를 주변에서 많이 듣는 편이다					
의사결정 방법을 후배들에게 가르칠 수 있다					
내가 제안한 아이디어나 전략이 반영되어 회사의 이익 향상에 기여한 적이 있다					
의사결정력을 인정받아 높은 평가를 받은 적이 있다					

매우 그렇다(5점) 그렇다(4점) 보통이다(3점) 아니다(2점) 전혀 아니다(1점)

합계 ______ 점

변화 제어력

문항	매우 그렇다	그렇다	보통이다	아니다	전혀 아니다
변화하는 트렌드를 알기 위해 다양한 미디어를 접하고 있다					
산업 환경의 변화가 회사에 미치는 영향에 대해 꾸준히 공부한다					
예상치 못한 상황에 대비해 스스로에게 질문을 던지며 평소에도 시뮬레이션을 한다					
새로운 상황이 주어지거나 갑자기 변화가 닥쳐도 그것을 즐기는 편이다					
질문을 이어가며 조직 내에서 깊은 토론을 즐긴다					
문제에 직면하면 해당 문제를 구조화시켜 분석적으로 해결한다					
기업에 이익이 되는 변화를 먼저 파악해 조직원에게 전파한 적이 있다					
조직이 직면한 변화에 의연하게 대처해 다른 조직원들에게 인정받은 적이 있다					
회사의 사업이나 프로젝트에 변화가 필요한 상황을 파악해, 이에 적극적으로 대응함으로써 회사에 기여한 적이 있다					

매우 그렇다(5점) 그렇다(4점) 보통이다(3점) 아니다(2점) 전혀 아니다(1점)

합계 ______ 점

운용력

문항	매우 그렇다	그렇다	보통이다	아니다	전혀 아니다
팀 빌딩을 위해 팀장과 팀원의 역할에 대한 책을 찾아보는 편이다					
회사 일이라도 내가 진행한 일에 책임은 스스로 져야 한다고 생각한다					
개인의 능력보다 조직의 협력 정도가 성과에 더 큰 영향을 끼친다고 믿는다					
팀장(또는 팀원)으로서 역할을 사전에 정의한 후 업무를 수행한 경험이 있다					
내가 속한 팀의 책임 범위에 대해 언제나 사전에 명확하게 구분하고 일을 한다					
과거에 리더의 역할을 맡은 적이 있거나, 현재 리더의 역할을 맡고 있는 내외부 그룹이 있다					
스스로가 팀원에게 인정받는 우수한 리더라고 생각한다					
조직 내 팀원 간에 갈등이 발생할 때 해결책을 자주 제시하는 편이다					
팀 빌딩을 통해 프로젝트를 성공시킨 경험이 다수 있다					

매우 그렇다(5점) 그렇다(4점) 보통이다(3점) 아니다(2점) 전혀 아니다(1점)

합계 ______ 점

정치력

문항	매우 그렇다	그렇다	보통이다	아니다	전혀 아니다
사람과의 관계에 가장 높은 가치를 둔다					
관계학과 처세술에 대한 관심이 높아 관련된 책을 자주 읽는다					
신용도를 높이는 나만의 방식을 갖고 있다					
관계의 힘으로 어려운 일을 해결한 경험이 다수 있다					
조직 내에서 불공정한 평가를 받으면 이의 제기를 하는 편이다					
사람을 가치에 따라 차별해 대하는 편이다					
타인과의 좋은 관계 덕분에 회사 내의 평가에서 반사 이익을 받은 적이 있다					
회사 동료들로부터 부정적인 평가보다 긍정적인 평가를 받는 편이다					
타인의 추천을 통해 이직 제안을 자주 받는 편이다					

매우 그렇다(5점) 그렇다(4점) 보통이다(3점) 아니다(2점) 전혀 아니다(1점)

합계 ______ 점

협상력

문항	매우 그렇다	그렇다	보통이다	아니다	전혀 아니다
협상에 관련된 전문 교육을 들은 적이 있다					
협상을 다루는 책을 읽는 걸 좋아한다					
협상에 관련해 남들보다 많은 지식을 갖고 있다고 생각한다					
사소한 일도 조율하는 것을 즐기는 편이다					
정해진 기준이라도 얼마든지 바뀔 수 있다고 생각한다					
협상을 진행한 경험이 많다					
상대를 배려함으로써 내가 손해보는 걸 싫어한다					
내게는 스스로 자신할 만한 협상력이 있다					
협상을 통해 원하는 것을 얻어내는 삶을 살아왔다					

매우 그렇다(5점) 그렇다(4점) 보통이다(3점) 아니다(2점) 전혀 아니다(1점)

합계 ________ 점

위의 질문들에 솔직하게 대답했다면 이제 C 지수를 매겨보자.

각 항목에서 답한 아홉 가지 질문에 대해 점수를 모두 합산하라. 해당 점수를 아래의 기준에 따라 평가하라.

- 9~21점: 지식, 경험, 성과 등 모든 측면에서 해당 유전자를 제대로 갖고 있지 못한 상태다. 처음부터 해당하는 C의 유전자를 다시 개발한다는 생각으로 차근차근 쌓아나가야 한다.
- 22~33점: 해당 유전자에 대해 어느 정도의 경험과 지식을 갖고 있다. 본인이 부족하다고 생각하는 부분을 집중 개발해 C의 유전자를 완전히 체화하길 기대한다.
- 34~45점: 해당 유전자를 상당 부분 체득한 상태다. 점수가 높은 유전자를 더 강화하는 것도 좋지만, 만약 어떤 다른 유전자의 점수가 낮다면 그 부분을 강화하는 데 더 집중하는 편이 좋다. C의 유전자는 어느 한 가지만으로 완성되는 것은 아니라는 사실을 명심하자.

이는 C의 지수를 알 수 있는 개괄적인 방법이다. 실제로 C레벨의 직무에 따라 각각의 유전자는 중요도가 조금씩 다르다. 가령 CTO(최고기술책임자)는 CSO(최고전략책임자)보다 더 높은 수준의 운용력이 요구되며, CSO는 CTO보다 창조력과 의사결정력이 좀 더 중요하다. 따라서 자신이 지향하는 C레벨이 어디인지에 따라 어떤 유전자를 더 개발하고, 무엇을 먼저 개발할지 달라져야 한다.

또한 같은 항목이라 하더라도 개발을 위해 본인이 집중해야 하는 영역은 다를 수 있다. 예를 들어 똑같이 협상력이 부족한 사람이 있더라도 각각의 현재 상황에 따라 개발해야 하는 분야가 달라진다. 누군가는 협상에 관련된 지식을 좀 더 쌓아야 할 수도 있고, 또 다른 누군가에게는 지식보다 경험이 더 시급할 수도 있는 것이다.

C 지수의 분석과 개발은 각자의 상황과 목표에 따라 매우 달라지는 것이기 때문에 지면의 한계상 여기서는 담지 않으려 한다. 그래서 보다 깊이 있는 자기 분석을 하고 싶어 하는 이들을 위해 다음과 같은 온라인 분석 페이지를 개설했다. 이 페이지를 이용하면 자신의 현재 위치를 보다 확실하게 인식할 수 있을 것이다. 우리가 개발한 이 척도가 당신이 폭발적으로 발전하는 시작점이 되길 기대한다.

지금은 당신의 이름이

기업과 동등해질 수 있는 기회의 장이다.

앞으로의 세상은 역량을 갖춘 준비된 이들에게

'C레벨'이라는 선물과 막대한 혜택을 안겨줄 것이다.

C의 유전자

초판 1쇄 발행 2021년 1월 1일
초판 2쇄 발행 2021년 3월 9일

지은이 제갈현열·강대준
펴낸이 김선식

경영총괄 김은영
책임편집 문주연 **디자인** 윤유정 **크로스교정** 조세현, 성기병 **책임마케터** 권장규
콘텐츠사업1팀장 임보윤 **콘텐츠사업1팀** 윤유정, 한다혜, 성기병, 문주연
마케팅본부장 이주화 **마케팅2팀** 권장규, 이고은, 김지우
미디어홍보본부장 정명찬
홍보팀 안지혜, 김재선, 이소영, 김은지, 박재연
뉴미디어팀 김선욱, 허지호, 염아라, 김혜원, 이수인, 배한진, 석찬미
저작권팀 한승빈, 김재원
경영관리본부 허대우, 하미선, 박상민, 권송이, 김민아, 윤이경, 이소희, 이우철, 김재경, 최완규, 이지우, 김혜진

펴낸곳 다산북스 **출판등록** 2005년 12월 23일 제313-2005-00277호
주소 경기도 파주시 회동길 490
전화 02-702-1724 **팩스** 02-703-2219 **이메일** dasanbooks@dasanbooks.com
홈페이지 dasan.group **블로그** blog.naver.com/dasan_books
종이 (주)한솔피앤에스 **출력** 민언프린텍 **후가공** 평창 P&G **제본** 정문바인텍

ISBN 979-11-306-3442-5 (03320)

• 이 도서의 국립중앙도서관 출판시도서목록(CIP)은 서지정보유통지원시스템 홈페이지(http://seoji.nl.go.kr)와 국가자료공동목록시스템(http://www.nl.go.kr/kolisnet)에서 이용하실 수 있습니다.(CIP제어번호 : CIP2020054147)